사회변화를 위한 비폭력대화

갈등의 세상에서
평화를 말하다

이 책의 한국어판은 저작권자의 허락을 받아 한국NVC출판사에서 출간했습니다.
이 책의 일부나 전부를 상업적으로 이용하고자 하시는 분은 한국NVC출판사로 연락하시기 바랍니다.

사 회 변 화 를 위 한 비 폭 력 대 화

갈등의 세상에서
평화를 말하다

초판 1쇄 발행 2016년 3월 31일
초판 3쇄 발행 2021년 1월 5일

지은이 마셜 B. 로젠버그 옮긴이 정진욱 감수 캐서린 한 교정·편집 한국NVC출판사

펴낸이 캐서린 한 펴낸곳 한국NVC출판사 등록 2008년 4월 4일 제300-2012-216호
주소 (03702) 서울특별시 서대문구 연희로15길 78, 2층(연희동)
전화 02)3142-5586 팩스 02)325-5587 이메일 book@krnvc.org

ISBN 979-11-85121-09-3 03180

* 값은 뒤표지에 있습니다.
* 잘못 만든 책은 구입하신 서점에서 바꾸어 드립니다.

SPEAK PEACE
IN A WORLD OF CONFLICT

사회변화를 위한 비폭력 대화

갈등의 세상에서
평화를 말하다

마셜 B. 로젠버그 지음 | 정진욱 옮김 | 캐서린 한 감수

한국NVC출판사

『갈등의 세상에서 평화를 말하다』에 쏟아진 찬사

"분노와 폭력이 인간의 태도를 지배하는 이 시대에 꼭 필요한 책이다. 마셜 로젠버그 박사는 우리에게 일상의 언어와 의사소통을 통해 평화를 얻는 방법을 보여준다. 정말 놀라운 책이다."

아룬 간디 | 미국 M. K. 간디 비폭력연구소 소장

"이 책은 수십 년간 축적된 치유와 평화 구축 활동을 요약한 것이다. 이 책이 어떤 사람들에게 도움이 될 것인가를 일일이 나열하기란 불가능하다. 바로 우리 모두이기 때문이다."

마이클 네이글러 박사 | 『폭력 없는 미래(The Search for a Nonviolent Future)』의 저자

"이 책은 복잡한 인간 본성과 근본적으로 맞닿아 있다는 점에서 다른 비폭력 관련 서적들과 차이가 있다. 마셜 로젠버그 박사는 우리가 말하는 방식과 내용이 우리의 존재를 반영하며 더 나아가 우리의 미래를 형성한다는 사실을 전 세계적으로 입증했다."

바버라 E. 필즈 박사 | 지구촌 신사고 협회(Association for Global New Thought) 집행이사

"의사소통에 관한 많은 책들이 이론에는 강하지만 현실에서의 적용성은 떨어진다. 마셜 로젠버그 박사의 책은 그 점에서 두드러진 차별성이 있다. 논리가 명쾌하고 설득력 있으며, 현실에서 적용 가능한 기술과 전략들을 통해 우리에게 큰 영감을 준다. 많은 사람들이 이 책을 읽는다면 세상이 변할 것이다."

휴 프래더 | 『내려놓기, 나아가기, 그리고 아침 쪽지에 관한 작은 책
(The Little Book of Letting Go, Shining Through, and Morning Notes)』의 저자

"이 책은 전 세계 어디서든지 평화를 원하는 사람이라면 누구나 배울 수 있는 영성과 이론, 비폭력적인 대화의 경험이라는 선물을 제공한다. 이 책은 모든 이의 욕구를 충족시키는 방식으로 갈등을 해결하고 궁극적으로는 비폭력적인 세상을 구현하는 프로세스에 관한 지침서로서 존 버튼의 『이탈, 테러리즘 그리고 전쟁(Deviance, Terrorism and War)』을 보완한다."

글렌 D. 페이지 | 『살육이 없는 국제 정치학(Nonkilling Global Political Science)』의 저자이자
지구촌 비폭력센터(Center for Global Nonviolence)의 설립자

"이 책은 조화로운 세상에 대한 우리의 깊은 염원을 실현할 수 있는 방법을 보여준다. 마셜 로젠버그 박사의 경험과 실천이 담긴 이 책은 자신의 내면에서, 외면에서, 그리고 조직 안에서 평화를 이룰 수 있는 간단하고도 정교한 프로세스를 제시한다. 더 행복한 세상을 만드는 데 참여하고 싶다면 이 프로세스를 실천하자."

다이애나 라이언 | 불교평화연대(Buddhist Peace Fellowship) 부소장 및 교도소 프로그램 책임자

갈등의 시대에 배우는
평화의 언어

소리는 강력하고 창의적인 요소이다. 우리의 말은 우리의 생각과 인식을 반영하고, 우리가 살고 있는 세계를 규정한다.

우리의 모습을 형성하는 것도 말이다. 우리의 생각과 본질적인 자아를 보여주기 때문이다. 우리가 어떻게 말하느냐에 따라 문이 열리거나 닫히고, 치유하거나 상처를 주고, 기쁨이나 고통을 낳고, 궁극적으로는 우리 자신의 행복이 결정된다.

처음 마셜 로젠버그 박사가 평화에 대해 이야기하는 것을 들었을 때 나는 그가 비전을 가지고 있고, 그 비전을 실천할 용기를 갖고 있는 사람임을 알았다. 심오한 생각들을 유머러스하게 설명하고 모든 사람들의 욕구가 충족되었을 때 삶이 어떻게 변했는가에 관한 경험담들을 들려주면서 그는 내가 마음 깊은 곳에서 이미 알고 있던 사실들을 확신시켜주었다. 바로 다른 사람들 그리고 다른 모든 생명들과 함께 바른 관계 속에서 살아가는 일이 가능하다는 것이다. 우리가 지금 살고 있는 이 고통과 고난의 시대에 마셜 로젠버그 박사는 우리에게 열쇠를 주었다. 바로 우리가 말을 하는 방식이 우리의 삶과 다른 사람들의 삶에 어떠한 영향을 주는가에 대한 이해의 상자를 열 수 있는 열쇠이다. 그는 구체적인 예시와 깊이 있는 지식, 그리고 수많은 도구들을 제공함으로써 참여하고자 하는 의지가 있으면 어디서든지 갈등 속에서 상생을 끌어낼 수 있도록 돕는다.

정치적인 활동가들을 위한 비폭력대화 워크숍을 평가하는 자리에서 한 참가자가 분노가 변형되면서 사라졌을 때 경험한 안도감과 희망에 대해 이야기하면서, 과거에는 성난 태도로 주장을 했기 때문에 효과적인 변화를 가져오지 못했다고 고백했다.

갈등의 시대에 평화의 언어를 배움으로써 우리는 우리가 사는 세상을 바꾸고, 거기에 단순히 영향을 미치는 것이 아니라 변화의 동인이 될 수 있다. 우리의 말은 모두를 위한 세상, 비폭력대화의 개념을 이해하고 실천하는 세상을 만들 수 있다. 의도적으로 이 방법을 실천하면서 살다 보면 우리의 동기가 바뀌고 "다른 사람과 우리 자신의 안녕에 기여한다는 단 하나의 목적을 위해 행동한다"는 마셜 로젠버그 박사의 말을 이해할 수 있게 된다.

『갈등의 세상에서 평화를 말하다』는 단순한 자기계발서가 아니다. 독자들은 이 책을 통해 개인적, 사회적, 정치적, 세계적 변화에 효과적으로 참여하는 법을 배우게 될 것이다. 이 책은 지금 이 시점에서 너무도 필요한 훌륭한 책이다. 평화는 우리들 개개인으로부터 시작된다. 마지막으로, 평화의 문화를 구축하는 데 중대한 공헌을 해주신 마셜 로젠버그 박사께 깊이 감사드린다.

도로시 J. 메이버 박사
평화문화 교육과 미 정부 평화국(Department of Peace) 설립
지지 활동을 하는 평화연맹(Peace Alliance)과
평화연맹재단(Peace Alliance Foundation) 집행이사

30여 년 전 처음 이 일을 시작할 당시에는 다른 세상을 꿈꿀 수 있는 역량과 그 꿈을 위해 사회를 바꿀 수 있는 에너지와 능력을 가진 사람을 찾기가 쉽지 않았다. 지금은 그 일이 훨씬 쉬워졌다. 많은 사람들이 비폭력대화(NVC) 교육을 받고, 전 지구적으로 연결하고, 다른 사람들을 교육할 수 있는 사람들을 길러내면서 비폭력대화가 풀뿌리 운동으로 퍼져나가는 걸 보면 나도 크게 고무되곤 한다. 나는 이들에게서 희망을 얻는다. 그리고 이제는 전 세계 어디서나 이들을 찾기가 어렵지 않다.

나는 대부분의 사람들이 텔레비전에서 보는 것과는 다른 세상을 본다. 나는 시에라리온, 스리랑카, 부룬디, 보스니아, 세르비아, 콜롬비아, 중동과 같이 뉴스에 나오는 여러 지역에서 일을 하고 있다. 그리고 르완다와 나이지리아에서 자신을 제외한 온 가족이 살해된 사람들과도 일해본 적이 있어서 이 세상에서 어떤 일이 일어나고 있는지도 잘 알고 있다.

하지만 나는 지구촌 곳곳에서 세상의 그런 모습들을 바꿀 수 있다고 믿는 사람들과 함께하고 있다. 그들은 다른 시각과 다른 의식으로 세상을 보며, 아주 빠른 속도로 자신들의 의식을 전파하고 있다. 그들의 용기와 비전 그리고 상상하기 어려울 정도로 힘든 상황에서도 에너지를 잃지 않는 능력은 그 어떤 말보다도 나에게 희망을 준다.

칼 로저스 교수가 '인간 관계를 구축하는 핵심 요소'에 대해 연구할 때 그 연구에 참여할 수 있었던 것에 대해 진심으로 감사한다. 그 연구의 결과는 내가 이 책에서 설명하고 있는 의사소통 과정을 발전시키는 데 핵심적인 역할을 했다. 친구 애니 뮬러에게 고마운 마음을 전한다. 이 작업의 정신적 기반을 보다 명료히 하라는 그녀의 조언과 격려는 이 작업을 강화시키고 내 삶을 보다 풍요롭게 했다.

마이클 하킴 교수의 은혜는 평생을 가도 잊지 못할 것이다. 하킴 교수는 병리학적 측면에서 인간을 이해하는 일이 사회적, 정치적으로 얼마나 위험한가를 깨닫고 그 과학적 한계를 볼 수 있도록 도와주었다. 그러한 한계를 봄으로써 나는 인간이 어떻게 살아야 하는가에 대한 명확한 인식을 바탕으로 한 심리학적 모델을 탐색하기 시작했다.

또 특히 내가 'NVC의 육성자(breeder)'라고 부르는 사람들, NVC의 의식을 전파하는 일에 헌신하고 있는 이들에게 감사한 마음을 갖고 있다. 다음은 전 세계 여러 지역에서 초창기에 NVC를 전파하는 데 주도적인 역할을 해준 사람들 중 일부만을 나열한 것이다.

나페즈 아세일리(팔레스타인), 루시 루(미국), 앤 버리(스위스), 파스칼 몰로(프랑스), 밥 콘데(시에라리온), 테오도르 무쿠돈가(르완다), 빌마 코스테티(이탈리아), 카멜 넬란드 수녀(아일랜드), 리타 헤이조그(미국), 크리스 라젠드람(스리랑카), 나다 이냐토비치-사비치(유고슬라비아), 조지 루비오(콜롬비아), 사미에 이헤지르카(나이지리아), 이솔데 테슈너(독일), 바버라 쿤즈(스위스), 토바 위드스트란드(스웨덴)

그리고 여기에 일일이 나열할 수 없을 정도로 많은 사람들이 있다. 이들이 수천 명의 다른 사람들과 함께 각자의 공동체에서, 지역에서, 국가에서, 그리고 세계 곳곳에서 평화에 기여하고 있는 모습을 보는 일은 내게 크나큰 즐거움이다.

마셜 B. 로젠버그

차례

추천의 말 『갈등의 세상에서 평화를 말하다』에 쏟아진 찬사 · 05
권하는 글 갈등의 시대에 배우는 평화의 언어 · 07
감사의 글 · 09

들어가는 말

다른 사람들와 연결하는 평화의 언어 · 16
비폭력대화의 기원 · 19
비폭력대화의 목적 · 22

제1부 평화의 언어가 작동하는 방식

1장 두 가지 질문 · 30

2장 우리 안에 생동하는 것을 어떻게 표현할 수 있을까? · 33
  관찰 · 33
  느낌 · 38
  욕구 · 43

3장 어떻게 하면 삶을 더 풍요롭게 할 수 있는가? · 46
  부탁 · 46
  부탁과 강요 · 51

제2부 비폭력대화의 적용

4장 우리 안의 변화 · 62

자기 교육을 통한 성장 · 62

우리의 '실수'에 대한 자기 공감 · 70

오래된 상처의 치유—애도와 사과 · 75

5장 다른 사람들과 공감적으로 연결하는 방법 · 79

상대방의 반응에 대처하는 법 · 81

6장 다른 사람들의 내면에 깃든 아름다움 · 88

7장 무엇을 바꾸고 싶은가? · 95

8장 패거리 집단과 기타 지배구조 · 105

우리는 어떻게 해서 이렇게 되었나 · 105

학교의 변화 · 109

빈민가의 갱단과 함께하는 작업 · 113

다른 사회기관들을 변화시키는 일 · 116

9장 적 이미지의 전환과 연결 · 118

전쟁 중인 두 부족 간의 중재 · 121

테러리즘에 대한 대처 · 127

제3부 사회변화를 위한 평화의 언어

10장 사회변화를 위해 다른 사람들과 협력하는 일·134

사회변화를 위한 기금 마련·141

11장 갈등과 대립을 다루는 법·146

테이블 건너편에 앉아 있는 '인간'을 보는 법·149

직장 안에서의 갈등·154

기업 문화를 바꾸는 일·158

서로 만나려고 하지 않을 때·160

12장 감사·162

부정적인 판단으로서의 칭찬·164

비폭력대화로 감사 표현하고 감사받기·166

13장 요약/마지막 단상·171

부록

- CNVC와 한국NVC센터에 대하여·177

- 느낌말 목록(예시)·180

  보편적인 욕구 목록·180

  NVC를 적용하는 방법·181

- 한국NVC센터 발행 서적·교구·182

- 더 읽으면 좋은 자료들·186

들어가는 말

다른 사람들과 연결하는 평화의 언어

"우리에게는 더 평화로운 가정과 이웃과 공동체를 기반으로 한
더 평화로운 세상이 필요하다. 그러한 평화를 구축하고 발전시키려면
타인을 사랑해야 하며, 우리의 친구뿐 아니라 적까지도 사랑해야 한다."
―하워드 W. 헌터

비폭력대화의 목적과 개념을 공유하고 그것을 전 세계 각지의 사람
들이 어떻게 활용하고 있는지 그 사례를 보여줄 기회를 갖게 된 것에
대해 감사한다. 책에서 나는 비폭력대화가 우리들 내면에서 어떻게 이
용될 수 있는지, 그리고 가정과 직장, 사회변화를 위한 여러 활동들에
서 다른 사람들과 진정으로 연결하는 데 어떻게 활용될 수 있는지를
보여줄 것이다.

평화의 언어는 폭력이 없는 의사소통으로, 비폭력대화의 원칙을 적
용해서 얻는 실질적인 결과이다. 그리고 "우리의 내면에서 지금 생동하
는 것이 무엇인가?"와 "삶을 더 풍요롭게 하기 위해서 우리가 할 수 있
는 일이 무엇인가?"라는 두 가지 중요한 질문을 중심으로 메시지를 주
고받는 것이다.

평화의 언어는 다른 사람들과 연결하는 방법으로, 우리가 본래 갖
고 있는 연민을 피어나게 한다. 가족 간의 갈등에서부터 제 기능을 하
지 못하는 정부, 전쟁으로 폐허가 된 국가에 이르기까지 전 세계 곳곳
에서 나는 평화적으로 갈등을 해결하는 데 이보다 더 효과적인 방법을

찾지 못했다. 비폭력대화는 갈등을 줄이거나 완전히 없앨 수 있는 가능성을 제시한다.

대부분의 경우 평화로운 변화를 이끌어내는 과정의 첫 번째 단계는 우리 자신의 마음, 자기 자신과 다른 사람들을 보는 방식,

> 평화로운 변화는
> 우리 자신의 마음을
> 바꾸는 일에서부터 시작된다.

자신의 욕구를 충족하는 방식을 바꾸는 것이다. 이 기본적인 작업은 여러 면에서 볼 때 평화의 언어에서 가장 어려운 부분이다. 높은 정직성과 열린 태도, 특정한 방식으로 표현하는 언어를 개발하는 것이 필요하고, 평가와 두려움, 의무, 처벌, 보상, 수치심을 강조하는, 그동안 우리에게 주입되어왔고 그래서 우리 안에 뿌리 깊게 박혀 있는 사고체계를 극복할 것을 요구하기 때문이다. 이 작업은 결코 쉽지 않지만 그 결과는 그만큼의 노력을 충분히 보상하고도 남는다.

이 책의 1부는 두 가지 기본적인 질문을 제시하면서 비폭력대화 프로세스에 초점을 맞추고 있는데, 이 질문들에 대한 답은 비폭력대화의 개요를 잘 보여줄 뿐 아니라 여러분이 알고 있는 갈등 해결 방법과 비폭력대화 간의 차이를 이해하도록 도와줄 것이다. 개인적인 삶, 다른 사람과의 관계, 그리고 평화로운 갈등 해결을 향한 사회적인 노력에 비폭력대화를 적용하는 일은 여러분이 세상을 보는 관점과 살아가는 방식에 상당히 중대한 변화를 가져올 것이다.

예를 들어, 비폭력대화의 기본 개념 중 하나인 '우리가 하는 모든 행동은 우리의 욕구를 충족하기 위한 시도이다'라는 주장

> 우리가 하는 모든 행동은
> 욕구를 충족하기 위한
> 시도이다.

은 주류적 사고에서는 찾아볼 수 없다. 우리가 다른 사람들을 볼 때

이 개념을 적용하면, 실질적으로 우리에게 적이란 없으며 다른 사람이 내게 한 행동은 그가 자신의 욕구를 충족하기 위해 선택한 최선의 방법일 뿐이라는 사실을 알게 될 것이다.

우리는 그들이 더 효과적이고 대가를 덜 치르는 방식으로 자신의 욕구를 충족할 수 있는 방법들을 찾도록 도와줄 수 있다. 하지만 우리가 원하는 대로 되지 않는다고 해서 그들을 비난하거나, 수치심을 안겨주거나, 미워하지 않는다. 비폭력대화로 말하는 평화의 언어는, 우리 자신이 무력해지거나 우리의 욕구를 충족하기 위해 다른 사람들보다 강해질 것을 요구하는 것이 아니라, '협력하는 힘(power with)'이라는 방법을 사용하는 것이다.

이 책의 2부에서는 우리의 동기가 삶을 더 풍요롭게 하는 것일 때 우리 자신, 우리가 다른 사람들을 보는 관점, 그리고 세상을 보는 방식에 어떠한 변화가 일어나는지를 살펴볼 것이다.

3부에서는 사회변화 운동에서 비폭력대화를 적용하는 방법에 대해 더 구체적으로 설명한다. 나는 여러분이 비슷한 가치를 지향하는 사람들과 협력하여 사회변화를 추구하는 방법에 대해 이야기해보고, 여러분이 지향하는 가치에 반대하는 사람들을 상대할 때 여러분의 욕구를 충족시키는 방법에 대해 의견을 나눠보기를 바란다.

우리는 기업이나 학교와 같은 사회의 다른 영역에서 비폭력대화를 적용하는 방법도 살펴볼 것이다. 우리가 추구하는 활동이 무엇이건 간에 다른 사람들과 연결하는 비폭력대화의 기본 프로세스—명확히 관찰하기, 느낌과 욕구를 표현하고 듣기, 분명히 부탁하기—는 효과를 발휘할 것이다.

비폭력대화의 기원

> "나는 폭력에 반대한다. 그것이 선을 행하는 것처럼
> 보일 때라도 그 선은 순간에 불과하고, 폭력의 악은 영원하기 때문이다."
>
> -M. K. 간디

내가 새로운 의사소통 방식을 찾기 시작한 건 어렸을 때부터 마음속에 품고 있던 몇 가지 의문점 때문이었다. 우리 가족은 미시간 주의 디트로이트로 이사를 했는데, 그때 마침 1943년 인종폭동이 발생했다. 우리 동네에서만 나흘 동안 서른 명이 죽었다. 우리는 그 나흘 동안 집 안에 있어야 했다. 밖에 나갈 수 없었기 때문이다. 이 사건은 어린 내게 매우 큰 영향을 끼친 경험이었다. 고통스러운 경험이었지만 이 세상에서는 피부색 때문에 사람들이 나를 해칠 수도 있다는 생각을 심어주었다.

그러고 나서 처음으로 학교에 갔을 때 내 이름이 사람들로 하여금 내게 폭력을 행사하고 싶게 만드는 자극제가 된다는 사실을 발견했다. 어린 마음속에서 이런 생각이 계

> 다른 사람에게 해를
> 끼치고자 하는 마음을 갖게
> 만드는 것은 무엇인가?

속 커져갔다. 이름이나 종교, 출신 배경, 피부색이 다르다는 이유로 사람들이 다른 사람에게 해를 끼치고자 하는 마음을 갖게 만드는 것은 무엇인가?

다행스럽게도 나는 인간의 다른 면도 볼 기회가 있었다. 한 예로, 우

리 어머니가 전신마비 되신 할머니를 간병하던 시절이 있었다. 그리고 삼촌 한 분이 매일 밤 우리 집에 와서 어머니를 도왔다. 삼촌은 할머니를 씻기고 먹이는 동안 내내 세상에서 가장 아름다운 미소를 얼굴에 담고 있었다.

그래서 어린 나는 계속 의아해했다. 어떻게 우리 삼촌처럼 다른 사람의 안녕에 기여하는 것을 즐기는 것처럼 보이는 사람들이 있는가 하면, 다른 사람에게 폭력을 행사길 원하는 사람들이 있는 걸까? 그리고 진로를 결정할 때가 되었을 때 나는 이러한 궁금증들을 연구하고 싶다고 생각했다.

처음에 나는 이 두 가지 질문과 관련하여 내가 무엇을 할 수 있는지 알아보기 위해 임상심리를 선택했다. 그래서 박사학위까지 받았으나 내가 배운 방식으로는 그 질문에 대한 답을 얻는 데 한계가 있었다. 나는 우리가 어떻게 살아야 하고, 어떻게 하면 사람들을 폭력적인 성향으로부터 멀어지게 할 수 있는가에 더 관심이 있었다. 그래서 대학원을 마친 후, 왜 내 삼촌 같은 사람들은 다른 사람의 안녕에 기여하는 것을 즐기고 왜 어떤 사람들은 다른 사람에게 고통을 주는 걸 즐기는 것처럼 보이는지 그 원인을 찾기 위해 혼자서 연구를 시작했다.

그렇게 해서 내가 도달한 결론이 바로 앞으로 내가 여러 가지 다른 방향에서 여러분과 함께 나눌 것들이다. 내 연구의 주된 작업은 내가 존경하는 사람들을 연구해서 그들과 다른 사람들의 차이점을 찾아내는 것이었다. 그들은 왜 주변 사람들이 파멸적인 방식으로 행동하는 갈등 상황에서조차 다른 사람들의 안녕에 기여하는 것을 즐겼는가?

나는 그런 사람들과 이야기를 하고, 그들을 살펴보고, 그들이 무엇을

배웠는지를 알아보았다. 나는 그들이 내가 볼 때 우리의 본성이라고 생
각되는 것, 즉 서로의 안녕에 기여하는 일
에 머물도록 도와주는 것이 무엇인지를 살
펴보았다. 나는 기본적인 종교 관행들로부
터 무언가를 배울 수 있는지 알아보기 위

> 우리의 본성:
> 서로의 안녕에 기여하는 것

해 비교종교학을 연구했다. 인간이 어떻게 살아야 하는가에 대해서는
여러 종교들이 어느 정도 합의하고 있는 것처럼 보였다. 치유적인 관계
의 특징을 살펴본 칼 로저스의 연구 등 일부 연구들은 내게 큰 도움이
되었다.

이러한 모든 자료들로부터 나는 내가 바라는 인간의 행동들을 바탕
으로 하나의 프로세스를 만들었다. 내가 찾고 있던 그 프로세스의 목
적을 여러분에게 명료하게 설명할 수 있다면 그 프로세스가 더욱 생명
력을 얻을 것이다. 비폭력대화는 영성이 우리의 일상생활, 관계, 정치적
활동에서 드러나도록 구체적인 도구들 안에 영성을 통합한 것이기 때
문이다. 그러한 이유로, 내가 이 프로세스를 만듦으로써 얻고자 했던
영적인 의식에 대해 먼저 이야기하고자 한다.

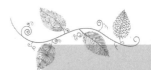

비폭력대화의 목적

> "이 세 진리를 모든 이에게 가르쳐라.
> 너그러운 마음, 친절한 말, 봉사와 연민의 삶은 인간성을 되살린다는 것을."
> ─붓다

비폭력대화에 구현된 영성은 사람을 신과 연결하기 위해 존재하는 것이라기보다는 우리를 창조한 그 신성한 에너지, 우리가 본래부터 가진, 삶에 기여하는 에너지에서 나오는 것이다. 그것은 우리가 우리 내면에서 생동하는 에너지와 다른 사람들의 내면에서 생동하는 에너지에 계속 연결되어 있도록 도와주는 살아 있는 프로세스이다.

미시간주립대학교의 연구심리학자인 밀튼 로키치는 지구 상의 기본 종교 중 여덟 가지를 연구하여 충실하게 종교의 계율을 따르는 사람들이 다른 사람들보다 더 연민이 많은지를 조사했다. 그는 자신이 연구한 8개 종교가 연민 측면에서 거의 비슷하다는 사실을 발견했다.

그러고 나서 그는 또 종교가 없는 사람들과 그들을 비교했다. 그 결과 종교를 믿지 않는 사람들이 훨씬 더 연민적이었다! 그러나 그는 이러한 결과를 해석할 때는 주의해야 한다고 지적한다. 각 종교 안에는 두 개의 매우 다른 집단이 있기 때문이다. 다수 집단과 소수 집단을 분리시켜보면(내 생각에 소수 집단은 약 12퍼센트 정도이다) 이러한 소수 집단은 교회에 가지 않는 사람들보다 훨씬 연민적이었고, 다수 집단은 교회에 가지 않는 사람들보다 덜 연민적이었다.

내가 팔레스타인의 어느 마을에서 워크숍을 진행하고 있을 때였다. 워크숍이 끝나갈 무렵에 한 청년이 내게 말했다. "선생님, 저는 선생님의 교육이 정말 좋았습니다. 하지만 이건 전혀 새로운 내용이 아닌데요. 선생님을 비판하는 게 아니구요. 이게 바로 이슬람 교리의 응용이거든요."

그는 내가 미소 짓는 걸 보고 "왜 웃으세요?"라고 물었다.

내가 말했다. "제가 어제 예루살렘에 있었는데, 정통파 랍비 한 분이 이건 응용 유대주의라고 말씀하시더군요. 스리랑카에 있는 어느 프로그램의 대표는 예수회 성직자이셨는데, 그분은 이게 기독교라고 하셨습니다."

비폭력대화의 목적은 각 종교의 소수 집단이 갖고 있는 영성과 매우 가깝다.

비폭력대화는 생각과 말이 결합되어 있으며, 특정한 목적에 힘을 사용할 수 있도록 고안된 방법이다. 이 목적이란 자기 자신 그리고 다른 사람들과 질적인 연결을 만들어냄으로써 연민의 마음으로 기여하는 것을 가능하게 하는 것이다. 그런 점에서 비폭력대화는 영적이다. 모든 행동은 자기 자신과 다른 사람의 안녕에 기꺼이 기여한다는 단 하나의 목적을 갖고 있다.

> 비폭력대화는
> 생각과 말이
> 결합되어 있다.

비폭력대화의 주된 목적은 기여하고 연민이 우러나오는 방식으로 다른 사람들과 연결하는 것이다. 바로 연민의 마음으로 기여하는 것이다. 그것이 연민적인 이유는 우리의 기여가 마음에서 기꺼이 우러나오기 때문이다. 우리는 우리 자신과 다른 사람의 안녕에 기여한다. 의무 때문도 아니고 처벌에 대한 두려움이나 보상에 대한 기대, 죄책감이나 수치심 때문도 아닌, 우리의 본성에서 우러나오는 것이다. 서로에게 기여하는 것을 즐기는 것은 우리의 본성이다. 비폭력대화는 우리가 다른 사람들에게 주고 또 그들에게서 받을 때 우리의 본성이 드러나게 함으로써 우리가 서로 연결되도록 돕는다.

기여를 즐기는 것이 우리의 본성이라고 말하면 어떤 사람들은 내가 너무 순진하지 않은지, 도대체 지금 세계 도처에서 일어나고 있는 폭력 사태들에 대해 알고는 있는지 의문스러워할 것이다. 지금 세계 각지에서 일어나는 일들을 보면 어떻게 연민의 마음으로 주는 것을 즐기는 것이 우리의 본성이라는 말이 나오는가? 믿기 어려울지 모르지만 나는 르완다, 이스라엘, 팔레스타인, 스리랑카와 같은 지역에서 일하면서 그러한 폭력 사태들을 두 눈으로 본다.

그렇게 수많은 폭력을 보지만 나는 그것이 우리의 본성이라고 생각하지 않는다. 나는 어디를 가든지 사람들에게 지난 24시간 동안 다른 누군가의 삶을 더 풍요롭게 했던 행동에 대해 생각해보라고 요청한다. 잠시 생각하게 한 다음 나는 이렇게 묻는다. "자, 그 행동이 다른 사람들의 삶을 더 풍요롭게 하는 데 기여했다는 걸 생각하니까 지금 느낌이 어떻습니까?" 그러면 모두들 얼굴에 미소를 짓는다. 대부분의 사람들은 남에게 주는 것을 즐긴다. 이것은 보편적이다.

> 삶에 기여하는 방식으로
> 노력하는 것보다
> 즐거운 일은 없다.

우리가 우리의 삶을 풍요롭게 하는 데 얼마나 큰 힘을 갖고 있는지, 어떻게 삶을 풍요롭게 할 수 있는지를 알면 기분이 좋아진다. 그런 다음 나는 이렇게 물어본다. "삶에서 우리의 노력을 그렇게 쏟는 것보다 더 만족스러운 일이 있습니까? 혹시 그런 일 알고 계신 분 계세요?" 나는 전 세계 곳곳을 돌아다니면서 이 질문을 했는데, 지금까지 만난 모든 사람들이 내 의견에 동의하는 것처럼 보였다. 서로의 안녕에 기여하고 삶을 풍요롭게 하는 방식으로 노력하는 것보다 더 낫고, 더 기분이 좋고, 더 즐거운 일은 없다.

그렇다면, 지금 일어나고 있는 수많은 폭력들은 어찌된 일인가? 나는 폭력이 우리의 본성 때문이 아니라 우리가 받은 교육 때문에 발생한다고 믿는다. 나는 신학자인 월터 윙크의 의견에 동의한다. 그는 문명이 시작된 이래 그러니까 적어도 8천여 년 전부터 우리가 폭력을 즐기도록 교육받아왔다고 말한다. 그러한 교육은 우리의 연민의 본성으로부터 우리를 단절시킨다.

우리는 왜 그런 방식으로 교육을 받아왔는가? 이에 대한 답변은 아주 복잡하기 때문에 여기서 이 문제를 다루지는 않을 것이다. 하지만 한 가지만 말하자면, 그러한 교육은 인간 본성이 기본적으로 악하고 이기적이라는 믿음을 바탕으로 아주 오래전에 시작되었다. 그리고 악당들을 무찌르는 영웅이 훌륭한 삶이라는 것이다. 우리는 오랫동안 이처럼 파괴적인 신화 속에서 살아왔으며, 그 신화는 사람들을 비인격화하고 인간을 사물로 다루는 언어로 나타난다.

우리는 서로에 대한 도덕적인 판단을 기준으로 생각하도록 학습받았다. 우리의 의식 속에는 옳다, 그르다, 좋다, 나쁘다, 이기적이다, 이타적이다, 테러범, 자유의 수호자와 같은 단어들이 들어 있다. 그리고 '~받아 마땅하다'는 생각을 바탕으로 한 응보적 정의의 개념이 그러한 판단들과 연결되어 있다. 네가 나쁜 일을 한다면 너는 벌을 받아 마땅하다. 네가 좋은 일을 하면 너는 보상을 받아 마땅하다. 불행히도 우리는 아주 오랫동안 이러한 의식, 이러한 방식의 교육에 노출되어왔다. 나는 그것이 폭력의 핵심이라고 생각한다.

비폭력대화는 사고와 언어, 소통을 통합한 것으로, 나는 이것이 우리를 우리의 본성에 가까이 다가서게끔 도와준다고 믿는다. 비폭력대화는 우리가 서로 연결하고 서로의 안녕에 기여하는, 진정으로 즐거운 삶의 방식을 회복하도록 도와준다. 나는 이 책에서 우리 자신, 다른 사람과의 관계, 그리고 사회변화를 위한 활동에서 이 프로세스를 적용하는 법을 보여주면서 그러한 개념들을 여러분이 직접 적용해볼 수 있도록 연습 활동들을 실어놓았다.

> 비폭력대화는
> 우리가 본성에
> 가까이 다가서도록 한다.

하나의 예로, 먼저 누군가가 여러분의 삶을 풍요롭게 하지 않는 방식으로 행동했던 상황 중에 아직도 그 감정이 살아 있는 상황 하나를 떠올려보자. 아주 사소한 것부터 여러분을 지금까지도 괴롭히고 있는 큰 문제에 이르기까지 다양할 수 있다. 단 실제 상황이어야 한다. 그러면 비폭력대화를 이용해서 관여된 모든 이들의 욕구가 충족되고 서로의 삶을 풍요롭게 한다는 유일한 목적 하에 행동하게 되는 연결을 하는 방법을 보여줄 것이다. 그 사람을 마음속에 그렸다면 이제 비폭력대화가 어떻게 도움이 되는지를 살펴보자.

전 세계를 돌면서 워크숍을 진행하다 보면 언제나 두 살 혹은 세 살짜리 아이의 문제로 고민하는 부모가 꼭 한두 명 있다. 이 부모가 자녀 때문에 속 썩는 문제는 무엇일까? 바로 부모가 원하는 대로 하지 않고

"싫어요" 같은 끔찍한 말을 하는 것이다.

"장난감 상자에 넣어라."

"싫어요."

어떤 사람들은 배우자가 "당신이 그렇게 할 때 내가 너무 상처를 받아"와 같은 끔찍한 말들을 한다고 말한다.

또 이보다 훨씬 더 심각한 문제들을 갖고 있는 사람들도 있다. 르완다와 같은 곳에서는 "이웃 사람이 우리 가족을 죽였는데 내가 그 사람에게 어떻게 해야 할까요?"와 같은 질문을 할 것이다.

연습 비폭력대화를 실제로 이해하기 위해서 이 책에 실린 연습 활동에 참여해볼 것을 제안한다. 각 연습은 이전 연습을 바탕으로 한다. 연습에서 효과를 얻으려면 먼저 내가 좋아하지 않았던 방식으로 다른 사람과 상호작용했던 상황, 그래서 평화의 언어를 배우고 싶은 상황을 떠올려본다.

그 상황이 무엇이건 간에 (큰 문제이건 작은 문제이건 간에) 그 사람이 나의 삶을 덜 풍요롭게 했던 구체적인 사건 하나를 종이에 적거나 마음속에 기억해둔다. 그것은 그 사람이 한 행동이나 하지 않은 행동, 한 말이나 하지 않은 말일 수 있다. 이제 그 상황을 기억하면서 그 사람과 비폭력대화를 사용해 어떻게 소통할지 다음 장에서 비폭력대화에 대한 개요를 읽어보자.

"성장과 변화의 요소 중에서 가장 효과적인 것은
그 어떤 기술보다 훨씬 더 기본적인 것, 바로 마음을 바꾸는 것이다."
- 존 웰우드

제 1 부

평화의 언어가
작동하는 방식

⓵장 두 가지 질문

비폭력대화는 우리의 주의를 두 가지 질문에 집중시킨다.

첫 번째 질문: 우리 안에서 생동하는 것은 무엇인가? (관련된 질문들: 내 안에서 생동하는 것은 무엇인가? 당신 안에서 생동하는 것은 무엇인가?) 이 질문은 세계 어디서나 사람들이 만나면 하는 것이다. 물론 표현이 똑같지는 않다. 영어에서는 보통 "안녕하세요? (How are you?)"라고 한다. 언어마다 그에 상응하는 표현이 있지만, 어떤 식으로 표현되든 간에 이것은 매우 중요한 질문이다.

우리는 의례적으로 이 말을 하지만 우리가 평화와 조화로움 속에서 살기를 원한다면, 서로의 안녕에 기여하는 것을 즐기고자 한다면, 서로의 내면에서 생동하는 것이 무엇인지를 알아야 하기 때문에 매우 중요한 질문이다. 하지만 안타깝게도 대부분의 사람들이 이 질문을 하지만 실제로 그에 대해 제대로 답하는 법을 알고 있는 사람은 많지 않다. 생동하는 삶의 언어로 교육받은 적이 없기 때문이다.

우리는 그 질문에 진실하게 답하는 법을 배운 적이 없다. 그래서 질문은 하지만 답하는 법은 모르는 것이다. 앞으로 보겠지만, 비폭력대화에서는 우리의 내면에서 생동하는 것을 상대방이 알 수 있도록 전한다. 그리고 상대방이 말로 표현하지 않는 상황에서도 상대의 내면에서 무엇이 생동하는지를 보고 그것과 어떻게 연결하는지 보여준다. 이것이 비폭력대화에서 우리가 주의를 집중하는 첫 번째 질문이다.

> 비폭력대화는 생동하는 것과 연결하는 방법을 보여준다.

두 번째 질문은 이것이다. 삶을 더 풍요롭게 하기 위해서 우리는 무엇을 할 수 있는가? (관련된 질문들: 내 삶을 더 풍요롭게 하기 위해 당신은 무엇을 할 수 있는가? 당신의 삶을 더 풍요롭게 하기 위해 나는 무엇을 할 수 있는가?) 이 두 질문—우리 안에서 생동하는 것은 무엇인가? 그리고 삶을 더 풍요롭게 하기 위해 우리는 무엇을 할 수 있는가?—이 비폭력대화의 기본이다.

이에 대해 비폭력대화를 공부하는 사람들은 두 가지를 말한다.

첫째, 그것이 얼마나 쉽고 간단한가에 대해 말한다. 우리 내면에서 무엇이 생동하고 있는지, 우리의 삶을 풍요롭게 하는 것은 무엇인지에 주의를 집중하고, 이를 의식하면서 소통하기만 하면 된다. 얼마나 간단한가.

둘째, 그것이 얼마나 어려운가에 대해 말한다. 어떻게 아주 간단하면서도 동시에 어려울 수가 있는가? 나는 이미 여러분에게 그에 대한 힌트를 주었다. 그것이 어려운 이유는 우리가 매우 다른 방식으로 생각하고 소통하도록 프로그래밍되었기 때문이다. 우리는 우리 안에 무엇이 생동하고 있는가에 대해 생각해보도록 배운 적이 없다.

소수가 다수를 지배하는 구조에 순응하도록 교육받았다면, 다른 사람들 특히 권위를 가진 사람들이 우리를 어떻게 생각하는지를 중요하게 생각하도록 교육받은 것이다. 그들이 우리를 나쁘다, 틀렸다, 무능하다, 어리석다, 게으르다, 또는 이기적이다라고 판단한다면 우리는 벌을 받을 것이기 때문이다. 그들이 우리를 좋은 아이, 좋은 학생, 좋은 직원으로 분류하면 보상을 받을 것이다. 우리는 우리 안에 무엇이 생동하는지 그리고 무엇이 우리의 삶을 더 풍요롭게 할 수 있는지보다는 보상과 처벌이라는 측면에서 생각하도록 교육받아왔다.

> 우리는 보상과 처벌이라는 측면에서 생각하도록 교육받아왔다.

앞서 여러분이 적어두었던, 누군가가 여러분이 좋아하지 않는 방식으로 행동했던 상황으로 돌아가보자. 그리고 어떻게 그 상황에서 우리 안에 생동하고 있는 것을 그 사람이 보게 할 수 있는지 살펴보자. 비폭력대화에서 우리는 솔직하기를 바라지만, 옳고 그름, 비판, 모욕, 판단, 또는 심리학적 진단을 내포하는 단어들을 사용하지 않으면서 솔직하게 표현하기를 원한다.

2장 우리 안에 생동하는 것을 어떻게 표현할 수 있을까?

관찰

"단지 바라보는 것만으로 많은 것을 관찰할 수 있다."
—요기 베라

우리 안에 생동하는 것을 표현하려면 특정한 표현 방식이 필요하다. 먼저 어떠한 평가도 담지 않은 방식으로 내가 한 질문에 답할 수 있어야 한다. 나는 여러분에게 여러분이 좋아하지 않는 방식으로 누군가가 행동했던 구체적인 한 사건을 생각해보도록 했다. 나는 그것을 '관찰'이라고 부른다. 다른 사람들이 한 일 중에 우리가 좋아하거나 좋아하지 않은 일은 무엇인가?

이것은 소통에서 중요한 정보이다. 우리 안에 생동하는 것을 사람들에게 전달하려면 그들이 한 일 중 우리의 삶을 풍요롭게 하는 일이 무엇인지, 그리고 우리의 삶을 풍요롭게 하지 않는 일은 무엇인지 전달할 수 있어야 한다. 그러나 이때 어떠한 평가도 들어가지 않은 방식으로 표현하는 것이 매우 중요하다.

한 예로, 나는 최근에 10대 자녀 때문에 속상해하는 한 여성을 상담한 적이 있었다. 나는 "따님이 어떤 행동을 했나요?"라고 물었다. 그녀는 이렇게 대답했다. "걔는 게을러요." 내가 한 질문과 이 여성이 한 대답 간의 차이가 보이는가? 나는 딸이 한 일이 무엇인가를 물었는데, 그녀는 딸의 기질에 대한 자신의 생각을 말하고 있다. 나는 게으르다고 단정하는 것과 같이 사람들을 규정하는 것은 자기충족적 예언(self-fulfilling prophecy)으로 이어진다는 점을 지적했다.

우리가 쓰는 단어 중 상대방이 옳지 않다는 의미를 내포하는 단어들은 모두 우리 내면에서 생동하는 것의 비극적인 표현들이다. 그러한 단어들은 상대방의 방어나 공격을 유발하기 때문에 다른 사람들이 우리에게 기여하는 것을 즐기지 못하도록 한다는 점에서 비극적이다.

> 사람들을 규정하는 것은
> 자기충족적 예언으로
> 이어진다.

처음 이 사실을 깨달았을 때 나는 정말 깜짝 놀랐다. 내 머릿속이 온통 도덕주의적인 평가로 가득 차 있었기 때문이었다. 내가 받은 교육은 도덕주의적인 평가를 기준으로 생각하는 것이었다. 앞서 언급한 것처럼, 그러한 교육이 이루어지는 것는 인간이 근본적으로 이기적이며 악하다는 믿음 때문이다. 그래서 보편적으로 이루어지는 교육과정은 사람들이 자신의 행동을 돌아보며 스스로를 미워하도록 하는 것이다. 그러니까 자기가 얼마나 끔찍한 존재인지를 알게 되면 자신의 실수를 뉘우치고 행동 방식을 고치리라고 보는 것이다!

나는 미국 디트로이트에서 자라면서 그런 언어를 배웠다. 내가 운전하고 있을 때 내 마음에 들지 않는 방식으로 운전하는 사람을 가르치고 싶으면 창문을 열고 "이 멍청한 놈아!"라고 소리쳤다. 앞의 이론을 적용하면, 그들은 죄책감을 느끼고 후회하며 "죄송합니다. 제가 잘못했군요. 제 방식이 잘못된 것을 알았습니다"라고 말할 것이다.

그럴듯한 이론이지만 절대로 그렇게 되지는 않았다. 나는 그게 디트로이트에서 배운 사투리 때문인가 하고 생각했다. 하지만, 심리학 박사학위를 받고 나서 배운 것은 좀 더 지적인 방식으로 사람들을 모욕하는 데 불과했다. 그래서 운전하는 중에 내가 원치 않는 방식으로 운전하는 사람을 보면 창문을 내리고 이렇게 소리쳤다. "사이코패스!" 하지만 여전히 효과는 없었다.

사람들에게 무엇이 잘못되었는가를 말하는 것은 비극적이다. 그리고 효과가 없다. 비폭력대화에서는 다른 사람들에게 우리가 좋아하지 않는 행동에 대해 이야기할 때 그러한 평가가 섞여 들어가지 않아야 한다고 말한다. 우리는 평가를 섞지 않으면서 그 행동에 대해 이야기하길 원한다. 나는 교장과 갈등을 겪고 있는 교사들을 상담한 적이 있었다. 나는 "교장 선생님이 여러분이 좋아하지 않는 어떤 행동을 하시나요?"라고 물었다.

한 교사가 대답했다.

"입이 쉬질 않아요."

"제가 물어본 건 입을 얼마나 잘 움직이느냐가 아니구요. 교장 선생님이 한 행동이 무엇이냐는 겁니다."

다른 교사가 말했다.

"말이 너무 많다는 거죠."

"너무 많다는 표현도 판단입니다."

또 다른 교사가 말했다.

"자기 혼자만 똑똑한 줄 알아요."

"그가 그렇게 생각한다고 여러분이 생각하는 것을 내게 말하는 것도 평가입니다. 그가 무슨 행동을 합니까?"

교사들은 마침내 내 도움을 받아 판단을 섞지 않고 행동을 명확히 한다는 말을 이해했다. 그러면서 계속 이렇게 말했다. "이거 정말 어려운데요. 우리 머릿속에서 나오는 모든 말이 판단이나 평가예요."

> 판단과 뒤섞지 않고 행동을 명확히 한다는 말을 명확히 이해하라.

내가 답했다.

"맞습니다. 우리 의식 속에서 이것을 없애기가 정말 쉽지 않아요."

실제로 인도의 철학자인 크리슈나무르티는 평가하지 않고 관찰하는 능력이 인간 지성의 가장 높은 경지라고 말했다.

교사들은 마침내 몇 가지 행동을 명확히 했다. 첫 번째는 직원회의 시간에 어떤 주제가 나와도 그것을 자신의 참전 경험이나 유년기 경험으로 연결한다는 것이었다. 그래서 회의 시간이 예정보다 길어진다. 그것이 그가 한 행동이 무엇이냐는 내 질문에 대한 답이었다. 이 대답은 평가가 섞이지 않은 명료한 관찰이었다.

내가 교사들에게 물었다.

"이 행동과 관련해 교장 선생님께 이야기한 사람이 있습니까?"

한 교사가 대답했다.

"우리의 소통 방식이 비판의 형태였기 때문에 그 구체적인 행동을 꼭 집어서 말한 것이 아니었다는 걸 이제 알겠습니다. 교장 선생님이 방어 적으로 나온 것도 무리가 아니군요."

이것이 사람들에게 우리 안에 생동하는 것에 대해 이야기하는 첫 번째 단계이다. 평가와 섞지 않고, 우리가 좋아하거나 좋아하지 않는 행동에 대해 '구체적으로' 표현하는 능력이다.

연습　이제 적어놓은 내용을 살펴보자. 거기에 평가가 들어 있는지 찾아보자. 평가가 들어 있다면, 내가 그 사람에게 전하고자 하는 행동만을 구체적으로 묘사할 수 있는지 살펴보자. 그러면 그 사람이 한 행동에 대한 관찰을 찾은 것이다. 비폭력대화를 사용할 때 우리는 그 행동에 대해 상대에게 솔직해지고자 한다. 하지만 그것은 상대에게 무엇이 잘못되었는지를 지적하는 것과는 다른 종류의 솔직함이다. 잘잘못을 가리려는 솔직함이 아니라, 마음에서 우러나오는 솔직함이다.

느낌

우리는 내면으로 들어가서 상대방이 어떤 행동을 할 때 우리 안에 무엇이 생동하는지를 그 사람에게 말하고자 한다. 여기에는 두 가지 다른 유형의 표현 능력이 필요하다. 하나는 느낌(feeling)이고 다른 하나는 욕구(need)이다. 이 순간 우리 안에 생동하고 있는 것을 분명히 말하려면 우리가 어떻게 느끼고 무엇을 필요로 하는지를 분명히 알아야 한다. 먼저 느낌부터 시작해보자.

우리가 그 사람에게 가서 솔직하게 이야기하길 원한다고 상상해보자. 그 사람에게 우리가 어떻게 느끼는지를 먼저 말할 것이다. 그 사람이 여러분을 괴롭히는 그 행동을 할 때 여러분이 어떻게 느끼는지를 적어보자. 그 사람이 그 행동을 할 때 어떤 감정이 느껴지는가?

룸메이트 문제로 고민하는 대학생 한 명이 워크숍에 온 적이 있었다.

"룸메이트가 당신이 좋아하지 않는 어떤 행동을 합니까?"

"밤 늦게까지 라디오를 틀어요. 저는 잠을 자려고 하는데요."

"그럼, 룸메이트에게 당신이 어떻게 느끼는지를 말해보죠. 그가 그런 행동을 할 때 어떤 느낌이 듭니까?"

"그게 잘못되었다고 느껴요."

"제가 명확히 설명하지 않은 것 같군요. '잘못되었다'는 건 상대방을 판단하는 겁니다. 세가 물은 건 이렇게 느끼느냐는 거예요."

"그래서 '~느껴요'라고 말씀드렸는데요."

"'느낀다'는 말을 쓰셨지만 그런 말들이 다 느낌은 아니죠. 어떤 감정을 느낍니까? 어떤 느낌이 드세요?"

그는 잠시 생각하다가 이렇게 말했다.

"타인에게 매우 둔하게 반응하는 것은 개인적으로 문제가 있다는 증거라고 생각합니다."

"잠깐만요, 잠깐만요, 잠깐만요. 아직도 머릿속에서 그 사람의 잘잘못을 분석하고 있어요. 제가 원하는 건, 가슴으로 가서 그 사람이 그 행동을 할 때 당신이 어떻게 느끼는지 말해달라는 겁니다."

그는 정말 진지하게 자신의 느낌을 알아내고자 했다. 하지만 결국 이렇게 말했다.

"글쎄요. 거기에 대해 아무런 느낌이 없는데요."

"아마 그렇지 않을걸요."

"왜 그렇죠?"

"그럼 당신은 살아 있는 사람이 아닐 테니까요."

우리는 매 순간마다 느낌을 갖고 있다. 문제는 우리가 내면에서 생동하는 것을 의식하도록 교육받지 않았다는 점이다. 우리의 의식은 권위를 가진 사람이 우리를 어떻게 생각하는지를 살피는 데 더 초점이 맞춰져 있다.

그래서 내가 말했다.

"잠깐 동안 몸이 하는 말에 귀를 기울여보세요. 밤 늦게 룸메이트가 라디오를 틀면 어떤 느낌이 듭니까?"

그는 정말 내면을 들여다보더니 얼굴이 밝아지며 이렇게 말했다.

"이제 무슨 말씀인지 알 것 같아요."

"어떤 느낌이 드세요?"

"완전 짱나요."

"좋습니다. 뭐, 다르게 표현하는 방법도 있지만, 아무튼 좋아요."

그때 나는 그 학생 옆에 앉아 있는 여성이 약간 어리둥절해하는 것을 눈치챘다. 그 여성은 학생을 보며 이렇게 물었다.

"화가 많이 났다는 뜻인가요?"

우리가 자라온 문화에 따라 느낌을 표현하는 방식이 다를 수 있다.

> 순수한 느낌을 나타내는 단어들을 알고 있는 것이 중요하다.

하지만 중요한 것은 다른 사람들에 대한 해석을 담지 않은 채 우리 안에 생동하는 순수하게 느낌을 표현하는 어휘를 알고 있어야 한다는 점이다.

다시 말해 "이해받지 못하는 것처럼 느껴져요"와 같은 표현은 부적절하다. 이 표현은 실제 감정이 아니고, 상대방이 나를 이해하는지 못 하는지에 대한 분석에 가깝다. 누군가 우리를 오해한다고 생각하면 우리는 화가 나거나 불만스러울 수 있다. 마찬가지로 "내가 이용당한다는 느낌이 든다"거나 "비판받는 느낌이 드는" 것도 느낌이 아니다.

비폭력대화에서는 이런 표현들은 느낌이라고 부르지 않는다. 안타깝게도 느낌 단어를 많이 알고 있는 사람은 드물다. 그리고 나는 일하면서 그로 인한 문제들을 많이 본다. 느낌 단어 목록을 보려면 내가 쓴 『비폭력대화』 제4장 '느낌을 알아차리고 표현하기'를 참조하자.

다음과 같은 대화는 아주 흔하게 일어난다. 워크숍에서 한 여성이 내게 와서 이렇게 말했다.

"선생님, 오해하지는 마세요. 제 남편은 정말 좋은 사람이에요……."

여러분은 아마 그다음 말을 예상할 수 있을 것이다.

"그런데 그 사람이 어떤 감정을 갖고 있는지 도대체 모르겠어요."

나는 여러 사람에게서 이 말을 듣는다. 수년 동안 부모님과 함께 살아왔는데 도대체 부모님이 어떻게 느끼는지 모르겠다는 말도 듣는다. 누군가와 같이 살면서 그 사람 안에 생동하는 것이 무엇인지 모른다는 것은 얼마나 슬픈 일인가. 그러니 이제 여러분이 적어놓은 것을 한번 보자. 그것이 정말 당신 안에 생동하는 것, 당신의 느낌을 표현한 것인가? 상대방에 대한 판단이나 그 사람의 인격에 대한 생각이 되지 않도록 해야 한다. 자신의 마음으로 가보자. 그 사람이 그 행동을 할 때 어떤 느낌이 드는가?

우리가 갖는 느낌의 원인이 다른 사람의 행동에 있다고 생각할 때는 느낌을 파괴적인 방식으로 사용하게 된다. 우리의 느낌을 유발하는 것은 다른 사람의 행동이 아니라 우리의 욕구(Need)이다. 관찰로 적은 상대방의 행동은 느낌의 자극이

> 우리의 느낌을
> 유발하는 것은
> 상대방의 행동이 아니다.

지 원인은 아니다. 나는 우리들 대부분이 한때는 이것을 알고 있었다고 생각한다.

내가 여섯 살이었을 때 누군가 우리에게 욕을 하면 우리는 이런 노래로 답하곤 했다.

"막대기와 돌멩이는 내 뼈를 부러뜨릴 수 있지만, 욕은 내게 상처를

주지 못하네."

우리는 그때 우리에게 상처를 주는 것은 다른 사람이 한 행동이 아니라 우리가 그것을 받아들이는 방식이라는 사실을 알고 있었다. 안타깝게도 우리는 교사나 부모처럼 권위를 가진 사람들로부터 죄책감을 심어주는 방식으로 교육받았다. 우리가 말을 듣도록 하기 위해 죄책감을 이용한 것이다.

"네가 방 청소를 안 하면 속상해."

"네가 동생을 때려서 내가 화가 난 거야."

다시 말해, 그들의 느낌에 대해 우리가 책임을 지고 죄책감을 느끼도록 했다. 느낌은 중요하다. 하지만 우리는 죄책감을 유발하는 방식으로 느낌을 사용하길 원치 않는다. 그래서 느낌을 표현할 때 우리 느낌의 원인이 우리의 욕구에 있다는 점을 분명히 하는 것이 중요하다.

연습 상대방이 한 행동과 관련하여 다음을 적어보자. 그때의 상황에 대해 어떤 느낌이 드는지 살펴본 다음 이렇게 적는다. "당신이 그렇게 할 때 나는 ~느낌이 듭니다." 상대방이 그 행동을 할 때 어떤 느낌이 드는지 그 단어들을 적어넣는다.

욕구(Need)

"인간의 욕구를 이해하는 것이 그들을 만나는 일의 절반이다."
- 애들라이 스티븐슨

우리 안에 생동하는 것을 표현하는 세 번째 요소인 욕구를 살펴보자. 평가 없이 관찰하고 느낌의 언어를 키우는 것과 마찬가지로, 많은 사람들이 욕구의 언어를 익히는 것도 어려워한다. 또 많은 이들이 욕구를 부정적인 것과 연결시킨다. 의존적이고 이기적인 것과 연관짓는 것이다.

앞서 언급한 것처럼, 나는 이것이 사람들을 지배구조에 적응시킴으로써 권위에 복종하도록 만드는 교육에서 비롯했다고 생각한다. 지배구조에 대해서는 뒤에서 더 이야기하기로 하고, 여기서는 일단 다른 사람들에 대한 조직적인 통제라고만 생각해두자. 대부분의 정부와 학교, 회사, 그리고 심지어는 가정이 지배구조로 작동한다.

자신의 욕구를 잘 알고 있는 사람은 좋은 노예로 만들 수 없다. 나는 21년간 학교에 다녔는데 그동안 내 욕구가 무엇인지를 묻는 사람은 단 한 명도 없었다. 내가 받은

> 자신의 욕구(Need)를
> 알고 있는 사람은
> 좋은 노예로 만들 수 없다.

교육은 내가 좀 더 생동하는 삶을 살고 나 자신과 다른 사람들을 더 잘 이해하도록 돕기 위한 것이 아니었다. 대신, 권위자들이 정해놓은

답을 내가 맞혔을 때 보상을 받는 쪽에 더 초점이 맞춰져 있었다.

자신의 욕구를 설명하는 데 사용되는 단어들을 살펴보자. 중요한 것은 욕구와 그다음에 할 말을 뒤섞지 않아야 한다는 점이다.

최근에 진행한 워크숍에서 한 여성이 자신의 딸이 방을 제대로 청소하지 않는다고 털어놓았다. 나는 이렇게 말했다.

"이 상황에서 당신에게 충족되지 않은 욕구는 무엇인가요?"

"그건 말 안 해도 분명하죠. 난 아이가 방을 청소하길 바랍니다."

"아니요. 그건 부탁으로, 욕구 다음에 오는 겁니다. 제가 지금 묻는 건 당신이 갖고 있는 욕구가 무엇이냐는 겁니다."

이 여성은 자신의 욕구를 찾지 못했다. 자신의 내면을 들여다보고 욕구가 무엇인지 찾는 법을 몰랐던 것이다. 그녀는 딸아이에게 무엇이 잘못되었는가를 판단하는 언어를 갖고 있었다. 아이가 게으르다는 것이었다. 그리고 자신이 딸에게 원하는 것을 말할 줄은 알았지만 자신의 욕구를 찾는 법은 몰랐다. 이는 매우 불행한 일인데, 우리가 상대방의 욕구를 볼 수 있을 때 상대에게 주는 즐거움이 자극되기 때문이다. 이는 우리 모두가 욕구를 통해 서로 공감할 수 있기 때문이다. 모든 인간이 가진 기본적인 욕구들은 동일하다.

> 우리는 욕구를 통해
> 서로의 인간적인 모습
> (humanness)을 본다.

우리가 욕구 차원에서 연결되는 순간 절대 해결될 수 없을 것 같던 문제들이 해결된다. 나는 갈등 상황에 있는 많은 사람들과 작업을 한다. 남편과 아내, 부모와 자녀, 여러 다른 부족들. 이들 중 다수가 자신이 안고 있는 갈등은 해결될 수 없다고 생각한다.

나는 수년간 갈등 해결과 중재 작업을 해오면서 사람들이 서로에 대한 판단과 평가를 넘어 욕구로 서로 연결되고 서로의 내면에서 생동하는 것을 보도록 도와주었다. 그리고 그 이후에 일어나는 일을 보면 언제나 놀라움을 금치 못한다. 그 단계가 되면 갈등은 거의 저절로 해결되는 것처럼 보인다.

지금까지 우리는 우리 안에 생동하는 것을 말로 표현하는 데 필요한 세 가지 요소를 살펴보았다. 바로 우리가 관찰한 것, 느낀 것 그리고 그 느낌과 연결되어 있는 욕구이다.(이 책의 부록에 있는 '느낌말 목록'과 '보편적인 욕구 목록'으로 더 자세하게 알 수 있다.)

연습 상대방이 한 행동 그리고 그것에 대한 나의 느낌과 관련하여 다음을 적어보자. 어떤 욕구 때문에 그러한 느낌을 갖게 되는지를 살펴본 다음, 이렇게 적는다. "나는 ~이 필요(중요)하기 때문에 그렇게 느낀다." 상대방의 행동에 의해 충족되지 않은 욕구를 적어넣자.

3장 어떻게 하면 삶을
더 풍요롭게 할 수 있는가?

부탁

> "받으려면 먼저 부탁을 해야 한다.
> 하지만 숟가락 하나를 들고 바다에 나가는 우를 범해선 안 된다.
> 적어도 양동이 하나는 들고 나가야 애들이 비웃지 않을 것이다."
>
> ―짐 론

이제는 다른 질문으로 가보자. 삶을 더 풍요롭게 하기 위해서 무엇을 할 수 있는가? 여러분은 한 사람의 행동과 관련하여 자신이 어떻게 느끼는지를 적어두었다. 그리고 자신의 어떤 욕구가 충족되지 않았는지를 적었다. 삶을 보다 풍요롭게 하는 방법이라는 이 두 번째 질문에 답하기 위해서 여러분은 이제 구체적이고 분명한 부탁을 할 것이다. 여러분의 삶을 더욱 풍요롭게 하기 위해서 상대방이 무엇을 해주었으면 좋겠는가.

비폭력대화에서는 긍정적인 행동 언어를 이용해서 부탁하도록 제안

한다. 다시 말하자면, 여러분이 무엇을 원치 않는가 혹은 상대방이 무엇을 하지 않았으면 좋겠는가가 아니라, 상대방이 무엇을 하길 원하는가를 말한다는 점에서 긍정적인 언어이다. 즉, 상대방이 어떤 것을 '실제로 하게 되는' 부탁을 하는 것이다. 단순히 우리가 원치 않는 것을 이야기할 때와 상대방에게서 원

> 긍정적인
> 행동 언어를 이용해
> 부탁하라.

하는 것이 무엇인지를 분명히 말할 때는 결과가 서로 다르다.

최근의 한 워크숍에서 어느 교사가 좋은 예를 제공했다. 그 교사는 이렇게 말했다. "선생님, 이제야 어제 제게 일어났던 일을 이해하게 됐습니다."

"무슨 일이었는데요?"

"제가 반 아이들에게 이야기를 하고 있는데 한 녀석이 손으로 책을 톡톡 치고 있는 겁니다. 그래서 '손으로 책 치지 말라'고 했죠. 그랬더니 이번엔 책상을 치기 시작하는 거예요."

여기서 알 수 있듯이 우리가 원하지 않는 것을 말할 때와 원하는 것을 말할 때는 결과가 확연히 달라진다. 누군가가 어떤 일을 하지 않도록 만드는 것이 목적일 때는 처벌이 효과적인 것처럼 보인다. 하지만 스스로에게 다음 두 가지 질문을 해보면 우리는 절대 다시는 처벌을 사용하지 않을 것이다. 아이들에게 벌을 주지 않을 것이고, 범죄자들이 한 일에 대해 처벌을 내리지 않는 사법(교정) 체계를 만들 것이다. 또, 다른 나라들을 응징하려고 하지도 않을 것이다. 처벌은 지는 게임이다. 다음 두 가지 질문을 해보면 그 점이 자명해진다.

첫 번째 질문은, 상대방이 무엇을 하기를 원하는가이다. 그렇다. 우리

는 상대방이 안 했으면 하는 일을 부탁하지 않는다. 상대방이 무엇을 하기를 원하는가? 하지만 단지 이 질문만을 한다면 처벌이 때로 효과가 있는 것처럼 보일 수 있다. 징벌을 사용해서 누군가에게 우리가 원하는 것을 하도록 만든 경험이 있을 것이다. 그러나 두 번째 질문을 하면 처벌은 절대 효과가 없다는 것을 알게 된다.

그러면 두 번째 질문은 무엇인가? '우리가 원하는 것을 다른 사람이 할 때 그 이유가 무엇이기를 바라는가?'이다. 앞서 말한 것처럼, 비폭력 대화의 목적은 사람들이 서로 연결을 하고, 연민에서 우러나와, 즉 처벌에 대한 두려움이나 보상에 대한 기대 때문이 아니라 우리가 서로의 안녕에 기여할 때 느끼는 자연스러운 즐거움 때문에 서로에게 기여하도록 하는 것이다.

그래서 부탁을 할 때 우리는 긍정적인 언어를 사용한다. 내가 원하는 것을 부탁하는 것이다. 앞서 예로 든, 딸이 방을 청소하기를 바라는 엄마에게 나는 이렇게 말했다.

"그건 욕구가 아니고 명확한 부탁도 아닙니다. 먼저 욕구를 찾아본 다음에 어떻게 명확한 부탁을 할지 알아봅시다. 딸이 방을 청소하지 않을 때 당신의 어떤 욕구가 충족되지 않습니까?"

그 엄마가 말했다.

"글쎄요. 가족 구성원이 되려면 각자가 집안일에 기여를 해야 한다고 생각해요."

"잠깐만요. 잠깐만요. 본인의 생각을 말하는 건 욕구를 왜곡해서 표현하는 겁니다. 아이가 엄마의 부탁 안에 담겨 있는 아름다움을 보게 하려면, 엄마가 원하는 것을 함으로써 삶이 얼마나 더 풍요로워질 것인지를 아이가 볼 수 있어야 해요. 당신의 욕구가 무엇인가요? 어떤 것을 원하시는데 그것이 충족되지 않고 있습니까?"

"잘 모르겠어요."

나는 그 대답을 듣고 놀라지 않았다. 워크숍에서 만난 많은 여성들이 어렸을 때부터 사랑받는 여자는 자신의 욕구가 없어야 한다고 배웠기 때문이다. 여자들은 가족을 위해 자신의 욕구를 희생한다.

마찬가지로, 남자들의 경우에는 용기 있는 남자는 욕구가 필요 없다고 배운다. 남자들은 왕과 국가, 또는 그 누구를 위해서든지 목숨을 바칠 준비가 되어 있어야 한다. 그래서 우리는 욕구의 언어를 개발할 기회가 별로 없었다. 우리가 원하는 것을 정확히 모르는데 어떻게 분명한 부탁을 하겠는가?

> 욕구의 언어를
> 개발하라.

이 여성은 내 도움을 받아 자신의 욕구를 찾는데, 충족되지 않은 욕구가 한 가지 이상이었다. 먼저 질서와 아름다움에 대한 욕구가 있었는데, 이 욕구들은 자신이 직접 충족할 수도 있었다. 하지만 또 자신이 원하는 그러한 질서와 아름다움을 만드는 데 약간의 지원과 도움을 받고 싶은 욕구를 갖고 있었다. 그렇게 해서 이 여성은 이 문제에 두 가지 욕구가 관련되어 있음을 깨달았다. 바로 질서와 아름다움에 대한 욕구와 지원에 대한 욕구였다.

"자, 이제 부탁을 해봅시다. 그리고 긍정적인 행동 언어로 그것을 바꿔보자구요. 딸에게 무엇을 원하는지 말해보세요."

"아까 말씀드렸다시피, 전 애가 방을 깨끗이 하길 바라요."

"그게 아니구요. 행동 언어를 쓰셔야 해요. 깨끗하다는 건 너무 모호

하죠. 우리는 구체적인 행동 언어를 사용해서 부탁을 해야 합니다."

그렇게 해서 이 엄마는 마침내 딸이 침대를 정리하고, 빨아야 할 옷은 (바닥에 놓지 않고) 빨래통에 넣고, 방으로 가져온 그릇은 부엌으로 가져다놓길 바란다는 것을 알아냈다. 그렇게 하면 아주 분명한 부탁이 될 것이다.

이제 이처럼 분명한 부탁을 찾아냈으면 그것이 강요로 들리지 않도록 해야 한다. 앞서 우리는 비판에 대해—잘잘못을 따지는 말은 절대 우리의 욕구를 충족하지 못한다는—이야기를 했다. 인간관계에서 또 하나의 매우 파괴적인 형태의 소통은 강요이다.

연습 상대방에게 처음 세 가지를 말했다고 상상해보자.
첫째, 일어난 사건에 대해 평가를 섞지 않고 관찰을 했다.
둘째, 일어난 사건에 대해 비난과 비판을 하지 않고 내가 어떻게 느끼는지를 표현했다.
셋째, 상대방이나 구체적인 수단/방법을 언급하지 않고 그 상황에 서 내가 갖고 있는 욕구를 표현했다.
이제 부탁을 하기 위해 뭐라고 말할 것인지를 적어보자. "당신이 ～를 해주기를 바랍니다"라고 해보자. 상대방이 나의 삶을 보다 풍요롭게 하기 위해 무엇을 해주기를 바라는가?

부탁과 강요

> "부탁해야 한다. 부탁이란, 내가 생각하기에, 성공과 행복을 불러오는
> 가장 효과적인—하지만 간과되는—비결이다."
> —퍼시 로스

우리는 명확하고 단호한 부탁을 하기를 원하지만 그것이 강요가 아닌 부탁이라는 것 또한 상대방이 알기를 바란다. 강요와 부탁의 차이는 무엇인가? 얼마나 정중하게 그 말을 했는지로는 그 차이를 구분할 수 없다. 우리가 자녀에게 "옷을 벗었으면 옷장에 걸어줬으면 좋겠다"고 말했을 때 이것은 부탁인가 강요인가?

아직은 알 수 없다. 얼마나 정중하게 또는 명확하게 말했는가를 가지고는 절대로 부탁과 강요를 구분할 수 없다. 부탁과 강요는 상대방이 나의 부탁에 응하지 않을 때 우리가 어떻게 반응하느냐에 따라 구분된다. 그리고 상대방 역시 그것에 따라 우리가 부탁을 하는지 강요를 하는지를 알 수 있다.

상대방이 그것을 강요로 들으면 무슨 일이 생기는가? 상대방이 부탁을 강요로 받아들일 때 그 결과는 자명하다. 한번은 내가 막내 아이에게 "네 옷은 옷장에 걸어주렴"이라고 말했다.

> 사람들이 부탁을 강요로 들으면 어떻게 하는가?

그랬더니 아이는 이렇게 대답했다.

"내가 태어나기 전에는 누가 아버지 노예였나요?"

이 경우는 비교적 쉽다. 상대방이 강요로 들었음을 금방 알아챌 수 있기 때문이다. 하지만 매우 다르게 반응하는 경우도 있다. "알았어요"라고 말하고서는 그 일을 하지 않는 것이다. 또는 "알았어요"라고 말하고 그것을 실행에 옮기는데, 이것이 더 심각한 문제이다. 왜냐하면 강요를 듣고도 실행하지 않았을 때 발생할 결과가 두려워서 행동을 하는 것이기 때문이다.

또 다른 예를 들어보겠다. 나는 뉴욕 시에 있는 한 병원에 컨설턴트로 초대를 받았다. 그 병원에서는 간호사들이 특정한 소독 절차를 따르기를 원했다. 수간호사는 내게 그 절차를 따르지 않으면 환자의 생명이 위험해질 수도 있다고 말했다.

"그런데 우리 조사에 따르면 그걸 시행하지 않는 비율이 꽤 높습니다. 우리는 계속해서 간호사들에게 소독 절차를 따라야 한다고 말을 해왔어요. 그걸 하지 않는 것은 전문가답지 못한 자세라고 했죠."

상황 설명을 더 듣지 않아도 나는 왜 그것이 제대로 시행되지 않는지 알 수 있었다. 다음 날 간호사들을 만난 자리에서 나는 이렇게 말했다.

"어제 이러한 소독 절차가 실행되지 않는 비율이 꽤 높다는 말을 들었습니다. 그걸 알고 계신가요?"

간호사 한 명이 말했다.

"알고 있냐구요? 그 문제에 대해선 귀에 못이 박히도록 듣고 있는걸요."

"그럼, 지금 상황에 대해 잘 알고 계시겠군요."

"네."

"그러한 소독 절차의 목적을 알고 계신가요?"

"물론이죠. 그 절차를 따르지 않으면 사람이 죽을 수도 있죠."

간호사들은 그 행동의 결과도 알고 있었다. 그래서 나는 당연히 이렇게 물었다.

"그것이 제대로 시행되지 않는 이유가 무엇일까요?"

모든 사람들이 똑같은 반응을 보였다. 바로 침묵이었다. 마침내 한 용기 있는 간호사가 입을 열었다.

"어, 잊어버리거든요."

그렇다. 자신에게 강제로 부과된 일, 강요받은 일은 잊어버리기 쉽다. 그리고 그것을 하지 않으면 비판을 받는다. 그래서 내가 "잊어버린다구요?"라고 묻자 간호사들은 그것이 전달되는 방식에 대해 품고 있던 분노의 감정들을 쏟아내기 시작했다.

어떤 생산 기준이 있거나 인간의 생명과 관계된 일처럼 원하는 결과가 중요할수록 강요를 하지 않아야 한다. 상대방이 부탁이라고 믿을 수 있는 분명한 부탁을 하자. 사람들이 그것을 부탁이라고 믿으려면 그들이 그에 대해 반대할 수 있고 자신들의 입장을 이해받을 수 있다는 점을 알 필요가 있다.

> 상대방이 부탁이라고
> 믿을 수 있는
> 분명한 부탁을 하라.

그래서 우리는 관리자나 수간호사 또는 그 누구든 부탁을 하는 사람에게 명확하게 부탁하는 방법, 그리고 상대방이 편하게 반대 의견을 낼 수 있는 방식으로 반대 의견에 공감하는 방법을 보여주어야 한다. 그러면 모든 사람들이 존중하는 합의에 이를 수 있다. 이것이 바로 우리가 기업에서, 학교에서 강의할 때, 그리고 부모들에게 강조하는 것이다.

상대방이 죄책감이나 수치심, 의무감 또는 처벌에 대한 두려움 때문에 우리가 부탁한 일을 한다면 우리는 그에 대한 대가를 치를 것이다. 우리는 다른 사람들이 그들의 내면에 존재하는 일종의 신성한 에너지와 연결되었을 때만 우리의 부탁에 응하기를 바란다. 이 신성한 에너지는 우리가 서로에게 기여할 때 느끼는 기쁨에서 나타난다. 반대로, 부정적인 결과를 피하기 위해서 우리의 말을 따르는 것은 원치 않는다. 어떤 사람들은 '명령을 하고 강제로 일을 시켜야만' 가정이나 회사, 조직, 또는 정부에 질서가 잡힌다고 믿는다.

한 여성이 이렇게 말한 적이 있다.

"하지만 선생님, 사람들이 신성한 에너지에 따라 행동할 것이라고 믿는 것도 다 좋은데요. 어린애들은 어떻게 해야 하나요? 애들은 반드시 해야 할 일들을 먼저 배워야 하잖아요."

이 여성은 내가 생각하기에 가장 파괴적인 개념 중 하나를 사용하고 있었다. 바로 '반드시 해야 한다(should)'이다. 그녀는 어른들뿐 아니라 아이들에게도 신성한 에너지가 있다는 사실, 사람들이 그것을 하지 않으면 처벌을 받을 것이기 때문이 아니라 서로의 안녕에 기여함으로써 얻는 즐거움을 느끼기 때문에 어떤 일을 할 수 있다는 사실을 믿지 않았다.

> 기여하는 즐거움에서 행동하라.

그래서 나는 이렇게 말했다.

"오늘 제가 아이들에게 부탁하는 방법을 보여드릴 수 있기를 바랍니다. 다시 말해, 아이들이 엄마의 욕구를 보고, '해야만 하기' 때문이 아니라 자신에게 선택권이 있다는 걸 알면서, 자기 안의 신성한 에너지에서 우러나와 행동하는 것이죠."

"저는 날마다 제가 싫어하는 일들을 많이 해요. 어찌 되었건 해야 하는 일들이기 때문이죠."

"그 예를 하나 말씀해주시겠어요?"

"이 워크숍이 끝나고 저녁에 집에 돌아가면 저녁 준비를 해야 하는데, 전 식사 준비를 아주 싫어해요. 징글징글하게 싫어하죠. 하지만 제가 해야 하는 일 중에 하나니까, 지난 20년 동안 매일같이 해왔습니다. 싫지만 어쩔 수 없이 해야 하는 일이니까요."

그녀는 신성한 에너지에서 우러나와 그 일을 하고 있지 않은 것이 분명했다. 그녀는 다른 의식으로 식사 준비를 하고 있었다. 그래서 내가 말했다.

"오늘 제가 내면의 신성한 에너지를 느끼고 그 에너지에서 우러나와 행동하는 데 도움이 되는, 그렇게 생각하고 소통하는 방식을 보여드릴 수 있기를 바랍니다. 그러면 다른 사람들에게 그걸 보여줘서 그들도 그러한 에너지에서 우러나와 행동하게 할 수 있겠지요."

그 여성은 배우는 능력이 뛰어났다. 그날 저녁에 집에 가서 가족들에게 자신은 더 이상 식사 준비를 하지 않겠다고 선언했다. 그리고 약 3주쯤 후에 그녀의 두 아들이 교육에 왔다. 그들은 교육이 시작되기 전에 내게 와서 이렇게 말했다.

"저희 어머니가 선생님 워크숍에 참가한 후로 저희 가족에 얼마나 큰 변화가 있었는지 모릅니다."

"그렇잖아도 궁금했어요. 그때 이후, 그러니까 의무감에서 하는 것이 아니라 내면의 에너지에서 우러나와서 행동하는 법을 배우신 후로 어머니가 자신의 인생에서 바꾸고 있는 많은 것들에 대해 저한테 말씀을 하셨거든요. 그게 다른 가족들에게는 어떤 영향을 끼치고 있는지 궁금했어요. 그래서 오늘 이렇게 와주셔서 기쁩니다. 어머니가 더 이상 요리를 하지 않겠다고 선언한 날 저녁에 분위기가 어땠나요?"

큰아들이 말했다.

"저는 속으로 이렇게 말했죠. 하느님 감사합니다."

"왜 그렇게 생각하셨어요?"

"이젠 식사 때마다 엄마가 불평하시는 소리를 안 들어도 되겠구나라고 생각했거든요."

연민으로 주는 것을 자연스럽게 하는 우리 내면의 신성한 에너지에서 우러나오지 않은 일을 하면—다시 말해, 보상을 받거나 죄책감, 수치심, 의무감 등으로 어쩔 수 없이 해야 하기 때문에 한다는 문화적으로 학습된 패턴에 따라 행동하면—우리 모두가 그 대가를 치르게 된다. 모두가.

> 신성한 에너지에서 우러나온 것이 아니면 하지 말라.

비폭력대화는 우리에게 이 신성한 에너지에서 우러나온 것이 아니면 하지 말라고 제안한다. 여러분은 자신이 기꺼이 어떤 행동을 하고자 할 때가 언제인지 알 것이다. 자신의 동기가 삶을 보다 풍요롭게 하는 것이라면, 힘든 일도 즐거운 일이 된다.

사람들이 부탁이 아닌 강요를 들으면 이런 일이 발생한다. 내가 처음에 비폭력대화를 배우고 있을 때—처음에 이런 내용들을 혼자서 명료하게 이해하고자 노력할 당시—나는 옛날 사고방식을 가진 상태에서 부모가 되는 중이었다. 그래서 내가 부탁을 하려고 애쓸 때도 아이들은 그것을 강요로 듣곤 했다. 앞서 말한 것처럼, 내가 막내아들에게 어떤 일을 부탁하자 그 아이는 자신이 노예라고 생각하고 있었다.

내가 비폭력대화를 사용하기 전에 그 아이와 나는 일주일에 두 번씩 '쓰레기 전쟁'을 치렀다. 내가 그 아이에게 시킨 일 때문에 일어난 전쟁이었다. 나는 "네가 쓰레기 내놓는 일을 맡아주었으면 좋겠구나"라고 말했다. 이것은 강요였다. 왜냐하면 나는 아이들이 반드시 해야 할 일들이 있다고 생각하고 있던 터라 나의 어떤 욕구가 충족되는지를 말하지 않았기 때문이다. 나는 그것을 좋은 말로 포장해서 시킨 것뿐이었다. "이건 네 일이야. 네가 쓰레기를 내다버리길 바란다." 하지만 아이는 이것을 강요로 들었기 때문에 우리는 일주일에 두 번씩 쓰레기 전쟁을 치러야 했다. 그 전쟁은 단순히 내가 큰 소리로 아이 이름을 부르면서 시작되었다.

"브렛!"

그러면 아이는 어떻게 대응했는가? 그는 옆방에 있으면서 못 들은 척했다. 그래서 나는 싸움 수위를 한 단계 높였다. 나는 더 큰 소리를 질러서 아이가 못 들은 척할 수 없게 했다.

"브렛!"

"왜요?"

"쓰레기가 아직도 집 안에 있구나."

"아빠가 그걸 알아차리시다니 대단하신데요."

"쓰레기 갖다내놔라."

"나중에 할게요."

"지난번에도 그렇게 말하고 안 내다놨잖니?"

"이번에도 제가 그러리란 법이 없잖아요."

일주일에 두 번씩 쓰레기를 내다놓는 데 얼마나 많은 에너지가 소모되는지 상상이 되는가? 이 싸움은 일주일에 두 번씩 매주 일어났는데, 내가 강요를 하고 있다는 사실을 깨닫지 못한 채 강요를 하고 있었기 때문이었다. 나는 당시 강요와 부탁의 차이를 알지 못했다.

이후 내가 비폭력대화를 배우기 시작하면서 어느 날 아이와 함께 앉아 왜 쓰레기를 내다놓지 않는지 이야기를 들었다. 그리고 아이는 그것이 강요로 들리기 때문이라는 점을 명확히 했다.

그 일은 내가 강요와 부탁을 구분하는 데 큰 도움이 되었다. 막내아들은 눈이 오면 중증 장애를 앓고 있는 이웃집 여인의 집으로 달려가 눈을 치워주는 아이였다. 그 여성은 걷지는 못했지만 운전은 할 수 있었다. 하지만 진입로에 눈이 쌓여 있으면 차를 몰고 나갈 수 없었기 때문에 꼼짝없이 집에 갇혀 있어야 했다. 아이는 그 집에 가서 한 시간 넘게 눈을 치워주곤 했다. 그러고는 자신이 누구라고 밝히지도 않았고 돈을 받지도 않았다.

우리 집에도 작은 진입로가 있었다. 하지만 나는 그 아이가 우리 집 앞의 눈을 치우도록 할 수 없었다. 나는 그 아이가 이웃집 여인을 위해서는 어떻게 그런 일을 하는지 알 수 없었다. 이유는 분명했다. 이웃집 여인을 위해서는 다른 사람에게 기꺼이 기여하려는 내면의 신성한 에너지에서 우러나와서 하고 있었기 때문이었다. 하지만 나는 지배구조 안에서, 즉 나는 아버지이고 네가 무엇을 해야만 하는지 알고 있다는 식으로, 아이에게 그 일을 강요한 것이다.

마지막으로 우리가 명확히 이해해야 하는 개념은 '지배하는 힘'과 '협력하는 힘'이다. 지배하는 힘은 다른 사람들을 복종시킴으로써 어떤 일을 하게 한다. 처벌이나 보상을 이용하는 것이다. 이것이 지배하는 힘이다. 지배하는 힘은 그 대가를 치르기 때문에 매우 약한 힘이다. 연구에 따르면, 지배하는 힘을 사용하는 회사나 가정, 학교는 윤리적인 문제나 폭력 또는 제도에 대한 미묘한 저항들을 통해 간접적으로 대가를 치른다고 한다.

> '지배하는 힘'과
> '협력하는 힘'의 개념을
> 명확히 이해하자.

협력하는 힘은 사람들로 하여금 그 행동이 어떻게 모두의 안녕에 기여하는지 보게 함으로써 자발적으로 행동하도록 한다. 이것이 비폭력대화이다. 협력하는 힘을 창조하는 가장 효과적인 방법 중 하나는 우리가 자신의 욕구와 동등하게 다른 사람들의 욕구에도 관심을 갖고 있음을 보여주는 것이다.

협력하는 힘은 우리가 얼마나 상대방을 비판하지 않고 솔직하게 여린 면을 드러내며 대하느냐에 달려 있다. 사람들은 잘잘못을 지적당할 때보다 힘을 함께 나눠가질 때 우리의 안녕에 훨씬 더 깊은 관심을 보인다.

연습 앞서 적어놓은 상황과 상대방에 대한 부탁을 살펴보자. 나의 부탁이 상대방을 **지배하는 힘**으로 해석될 여지가 있는가? 상대와 **협력하는 힘**을 함께 구축해서 상대가 여러분의 부탁에 응할 확률을 높이려면 어떤 단계를 밟아야 할 것인가? **긍정적인 행동 언어**로 바꾸려면 부탁하는 표현을 어떻게 고쳐야겠는가?

"인간이 가진 마지막 자유는
자신의 태도를 선택하는 것이다."
-빅터 프랭클

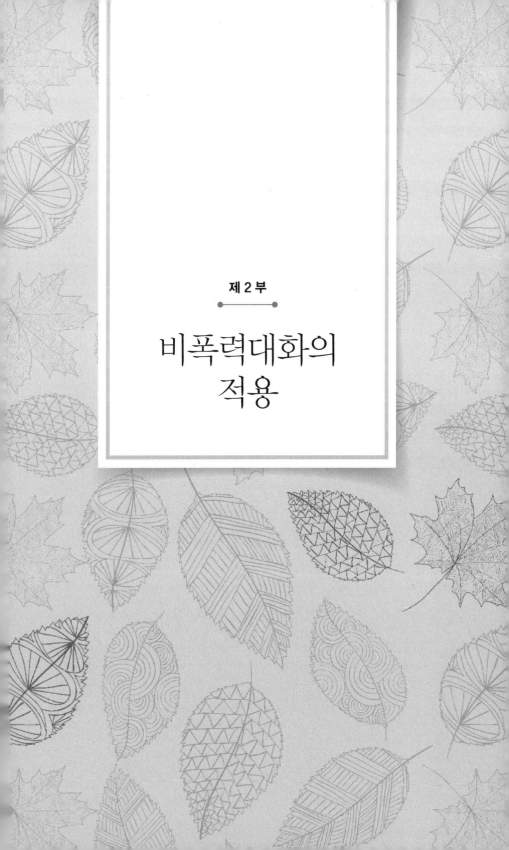

제 2 부

비폭력대화의
적용

4장 우리 안의 변화

자기 교육을 통한 성장

"교육은 삶을 위한 준비가 아니다. 교육은 삶 자체이다."

-존 듀이

이제 비폭력대화가 다음과 같은 상황에서 변화를 이루고자 하는 우리의 노력에 어떠한 기여를 할 수 있는지에 대해 이야기하고자 한다.

● 우리 안에서
● 우리가 중시하는 가치와 조화되지 않는 행동을 하는 사람들과
● 우리가 살고 있는 구조 안에서

앞서 나는 비폭력대화의 목적이 연민의 마음으로 기여하는 것을 가능하게 하는 연결을 만드는 것이라고 설명했다. 그리고 그러한 방식으

로 살아가는 데 필요한 기본적인 언어, 즉 느낌·욕구·부탁의 언어와, 상대방이 우리 안에 생동하는 것을 선물로 볼 수 있도록 그것들을 표현하는 방법에 대해 설명했다.

무엇이 우리의 삶을 보다 풍요롭게 만들 수 있는지를 다른 사람들이 볼 수 있다면 그것은 선물이다. 그들이 우리의 안녕에 기꺼이 기여할 기회를 제공하기 때문이다. 그리고 나는 사람들이 폭력적인 언어를 사용하고 있을 때조차도 어떻게 하면 공감적인 연결을 통해 그들로부터 선물을 받을 수 있는가에 대해 이야기했다.

비폭력대화가 변화에 기여하는 법을 볼 때는 이 점을 기억하자. 우리는 사람들이 변화하는 이유가 처벌에 대한 두려움이나 죄책감 때문이 아니라, 더 적은 대가를 치르면서 그들의 욕구를 충족시킬 수 있는 더 나은 방법을 보기 때문이기를 바란다. 먼저 우리는 우리 안에서, 우리의 가치와 조화되지 않는 행동을 하는 사람들과, 그리고 우리의 가치와 조화되지 않는 방식으로 돌아가는 사회구조 안에서 어떻게 그러한 변화가 일어날 수 있는지를 살펴볼 것이다.

먼저 우리 안에서의 변화를 보자. 여러분이 최근에 한 실수, 하지 않았으면 좋았을 것이라고 생각하는 행동 하나를 생각해보자. 그런 다음, 자신이 후회하는 어떤 일을 했을 때 스스로를 어떻게 교육하는지를 생각해보자. 다시 말해, 자신의 행동을 후회할 때 자기 자신에게 무슨 말을 하는가?

얼마 전 워크숍에서 비폭력대화를 이용해 자기 존중을 잃지 않으면서 자신의 한계로부터 배우는 방법에 대해 살펴보고 있었다. 한 여성이 그날 아침에 아

> 자기 존중을 잃지 않으면서 자신의 한계로부터 배워라.

이에게 소리를 질렀다고 말했다. 그녀는 자신이 하지 않았으면 하는 말을 아이에게 했고, 아이의 눈을 마주쳤을 때 아이가 얼마나 상처받았는지를 보았다고 말했다. 나는 이렇게 물었다.

"그 순간에 자신을 어떻게 가르치셨습니까? 자신에게 무슨 말을 하셨나요?"

"난 정말 못된 엄마구나라고 말했죠. 내 아이에게 그런 식으로 말하지 말았어야 했어. 도대체 난 뭐가 잘못된 걸까라고요."

불행히도 많은 사람들이 이런 식으로 자신을 교육한다. 우리는 권위 있는 사람들이 좋아하지 않는 일을 우리가 했을 때 그들이 우리를 가르치는 방식으로 자신을 교육한다. 그들은 우리를 비난하고 벌을 주었고 우리는 그것을 내면화했다. 그 결과 우리는 죄책감과 수치심, 그리고 다른 형태의 폭력적이고 위협적인 방법으로 스스로를 교육하려 한다. 우리는 우리가 그렇게 한다는 것을 알고 있다. 우리가 폭력적인 방식으로 스스로를 교육하고 있다는 것을 어떻게 아는가?

세 가지 느낌이 우리에게 알려줄 것이다. 우울과 죄책감, 수치심이다. 나는 우리가 이상하거나 무엇이 잘못되어서가 아니라, 도덕적인 판단으로 자신을 교육하고 비난하고 이 여성처럼 생각하도록 교육받아왔기 때문에 많은 사람들이 상당한 시간 동안 우울을 느낀다고 생각한다. 이 여성은, 자기 아이에게 소리를 질렀다는 이유로, 자신에게 뭔가 문제가 있다고, 자기는 나쁜 엄마라고 자책했다.

나는 사람들에게 종종 이렇게 말한다.

"저에게 지옥의 정의에 대해 물으신다면, 저는 자녀를 둔 사람들이 '좋은 부모'라는 게 있다고 믿는 것이라고 말하겠습니다."

여러분은 인생의 상당한 시간을 우울해하며 지낼 것이다. 부모 노릇이란 어려운 일이기 때문이다. 그것은 중요한 일이고, 우리는 반복적으로 나중에 후회할 일들을 할 것이다. 그래서 우리는 배워야 한다. 하지만 자신을 미워해서는 안 된다. 죄책감이나 수치심을 통한 학습은 비싼 대가를 치러야 하는 학습이다. 지금에 와서 그 학습을 되돌리기에는 너무 늦었다. 우리는 폭력적인 판단으로 우리 자신을 교육하도록 훈련되었다.

비폭력대화 교육에서 우리는 여러분이 그런 식으로 자신에게 말하고 있을 때 그것을 알아차리고 그러한 판단을 분명히 보게 함으로써 지금 자신에게 무슨 말을 하고 있는지를 깨닫게 하는 방법을 보여준다. 여러분은 자신에게 욕을 하고 자신은 무언가 잘못된 사람이라고 생각하면서 자신을 교육하고 있음을 깨달을 것이다. 그러면 우리는 여러분이 그러한 판단 이면에 있는 욕구를 보는 방법을 보여준다. 다시 말해, 그 행동으로 인해 어떠한 욕구가 충족되지 않았는가?

> 판단 이면에 있는 욕구를 보는 방법을 배우자.

나는 이 여성에게 바로 그것을 물었다.

"아이에게 그렇게 말함으로써 당신의 어떤 욕구가 충족되지 않았습니까?"

"저는 다른 사람들, 특히 제 아이들을 존중하고 싶어요. 제 아이에게 그렇게 말함으로써 존중에 대한 제 욕구가 충족되지 않았지요."

"이제 그 욕구에 주의를 집중해보세요. 어떤 느낌이 드시나요?'

"슬퍼요."

"조금 전에 머릿속에 있던 생각, 자신이 못된 엄마라는 생각과 자기 자신에게 하고 있던 다른 비난들과 이 슬픈 느낌을 비교하면 어떤가요?"

"지금은 거의 달콤한 슬픔 같아요."

"그렇죠. 그것이 자연스러운 고통이기 때문에 그렇습니다."

비난이나 죄책감 없이
자신의 행동을 애도하는 법을
배우자.

우리 자신의 행동에 의해 충족되지 않은 우리의 욕구와 연결될 때 나는 그것을 애도라고 부른다. 자신의 행동을 애도하는 것이다. 하지만 이것은 비난하지 않는 애도, 자신에게 문제가 있다고 생각하지 않는 애도이다. 내가 그러한 연결을 경험하도록 도와주면 사람들은 종종 이 여성과 비슷한 방식으로 그 고통을 묘사한다. 우리가 비난과 평가로 자신을 교육할 때 느끼는 우울함, 죄책감, 수치심과 비교했을 때 그것은 거의 달콤한 슬픔이라는 것이다. 그런 다음 나는 그 여성에게 자신이 그러한 행동을 하게 된 중요한 이유를 살펴보라고 부탁했다.

"네?"

나는 내 부탁을 다시 반복했다.

"당신이 그 행동을 하게 된 선한 이유를 찾아봅시다."

"무슨 말씀이신지 이해가 안 가는데요. 제가 아이에게 소리를 지른 행동에 선한 이유가 있냐구요?"

"우리의 모든 행동은 좋은 이유에서 나온다는 점을 인식하는 것이 중요합니다."

나는 인간의 모든 행동은 선한 이유에서 나온다고 생각한다. 그렇다면 그 선한 이유란 무엇인가? 바로 욕구를 충족하는 것이다. 우리가 하는 모든 행동은 그 목적이 욕구를 충족하는 데 있다. 그래서 나는 물었다.

"아이에게 그런 식으로 말했을 때 어떤 욕구를 충족하고자 하셨습니까?"

그 여성이 대답했다.

"그렇게 해도 괜찮았다는 말씀이신가요?"

"아이에게 그런 식으로 말해도 괜찮다고 말씀드리는 건 아니구요. 우리가 어떤 행동으로 충족하려고 한 욕구를 찾는 방법을 배워야 한다는 겁니다. 우리는 다음 두 가지를 통해 가장 잘 배울 수 있습니다. 첫째, 그 행동으로 충족되지 않은 욕구를 봅니다. 그런 다음, 그 행동을 함으로써 충족하고자 한 욕구를 보는 것이죠. 우리가 이 두 가지 욕구에 의식을 집중하면, 자존감을 잃지 않고 우리의 한계로부터 배우는 능력이 커질 것입니다. 그러니까 그때 아이에게 그런 식으로 말함으로써 충족하려고 한 욕구가 무엇이었을까요?"

"선생님, 전 정말 제 아이가 삶에서 보호받기를 바라는 마음이 있어요. 아이가 어떤 일을 할 때 대안적인 방법을 찾는 법을 배우지 못한다면 아이가 앞으로 어떻게 될까 하는 생각에 정말 두려워집니다."

"네. 그러니까 아이가 행복하기를 바라는 욕구가 있으시군요. 그리고 엄마로서 거기에 기여하고자 하는……."

"그렇게 소리를 지른 건 정말 끔찍한 방법이었어요."

"그 행동을 좋아하지 않는 자신의 모습은 이미 보셨지요. 그것은 다른 사람을 존중하고자 하는 욕구를 충족하지 않았어요. 이제 그 행동을 함으로써 어떤 욕구를 충족하게 하였는지를 알아봅시다. 당신은 아이를 돌보고 있습니다. 아이를 보호해주고자 하셨지요."

"네."

"우리가 어떻게 하면 두 가지 욕구를 모두 충족할 수 있었을지를 생각해본다면 미래의 상황에 대처하는 방법을 더 잘 배울 수 있을 겁니다. 그 두 가지 욕구를 마음에 담고 있다면 같은 상황에서 어떻게 다른 식으로 표현할 수 있었을지 상상하실 수 있겠어요?"

"그럼요. 제가 그 두 가지 욕구들과 연결되어 있었다면 정말 다르게 말했을 거예요."

이것이 바로 우리가 자기 안에서 비폭력대화를 사용하는 방식이다. 스스로가 좋아하지 않는 어떤 일을 했을 때 첫 번째 단계는 애도를 하고 충족되지 않았던 욕구에 대해 자기 자신을 공감해준다. 그리고 우리가 그동안 받은 교육을 통해 만들어낸 비난의 소리를 '들음으로써' 애도를 해야 할 때가 많을 것이다. 그렇게 하면 우리는 우리의 우울감과 죄책감, 수치심을 잘 이용할 수 있다. 그러한 감정들을 지금 이 순간 우리가 삶과 연결되어 있지 않다는 사실을 일깨워주는 자명종으로 이용하는 것이다. 여기서 삶이란 우리의 욕구와 연결되어 있는 상태를 말한다. 우리는 머릿속에서 자신을 비난하며 자기 자신과 폭력적인 게임을 하고 있다.

충족되지 않은 자신의 욕구와 공감적으로 연결되는 법을 배운다면, 그래서 그 욕구를 충족하고자 노력하는 자신을 본다면, 우리는 우리 자신과 다른 사람들 안에 생동하는 것을 더 잘 볼 수 있게 된다. 그러면 삶을 보다 풍요롭게 만드는 데 필요한 행동을 할 수 있게 된다.

그 욕구와 공감적으로 연결하기가 쉽지 않은 경우가 종종 있다. 자신의 내면을 들여다보고, 그 행동을 할 당시 자신의 내면에서 생동하고 있던 것을 말로 표현해보면 우리는 종종 이렇게 자신에게 말하고 있는 것을 발견한다.

"난 그럴 수밖에 없었어. 다른 선택의 여지가 없었지."

하지만 이것은 절대 사실이 아니다! 우리에게는 언제나 선택이 있다. 우리가 하는 일은 모두 우리가 하기로 선택한 것이다. 즉 어떤 욕구를 충족하기 위해서 그렇게 하기로 선택한 것이다. 비폭력대화에서 매우 중요한 부분 중 하나는 매 순간에 이러한 선택을 인식하는 것, 매 순간에 우리는 무엇을 할지를 선택하며 선택하지 않은 것은 어떤 것도 하지 않는다는 사실을 인식하는 것이다. 이보다 중요한 것은, 우리가 한 모든 선택이 욕구를 충족하기 위한 시도였다는 점이다. 그것이 우리 안에서 비폭력대화가 작동하는 방식이다.

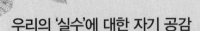

우리의 '실수'에 대한 자기 공감

"실수를 할 수 있는 특권이 갖는 위엄을 기뻐하고,
그것을 인식하도록 하는 지혜를 기뻐하며,
그 빛을 미래로 가는 길을 비춰주는 조명으로 바꿀 수 있는 힘을 기뻐하자.
실수는 지혜를 얻기 위한 성장통이다.
실수가 없다면 개인적인 성장도, 발전도, 극복도 없을 것이다."
-윌리엄 조던

자신이 한 행동이나 삶에서 경험한 일들 때문에 큰 고통을 느끼는 사람들이 많다. 사람들이 고통의 근원을 치유하도록 도울 때 우리가 가장 먼저 하는 일은 그러한 고통을 만들어낸 행동과 관련하여 자신에게 하는 말들을 인식하도록 하는 것이다.

이러한 측면에서 비폭력대화는 정신과 전문의인 토머스 사스(Thomas Szasz)가 『정신병의 신화(The Myth of Mental Illness)』에서 설명한 원칙들과 상당히 일치한다. 물론, 어떤 사람들은 정신적 건강에 영향을 끼치는 신체적인 문제들을 갖고 있다. 하지만 우리가 정신병을 앓고 있다고 말하는 대부분의 사람들은 단순히 자신에게 커다란 정신적 고통을 일으키는 방식으로 생각하고 소통하도록 '잘 교육된' 사람들이다. 이는 그들이 병에 걸린 것이 아니라 삶을 매우 비참하게 만드는 사고와 소통 방식을 배웠다는 것을 뜻한다.

그래서 우리는 교육의 첫 단계에서 사람들이 자존감을 잃지 않고 자신의 실수로부터 배우는 법을 보여준다. 사람들이 먼저 실수에 대해 생각해보도록 하는 것이다. 그래서 우리 워크숍에서는 완벽한 사람들은 제외시키고 있다. 워크숍에 와서 할 일 없이 앉아 있으면 안 되기 때문이다!

우리는 사람들에게 자신이 한 일 중에 좋아하지 않았던 일을 생각해보도록 부탁한다. 그런 다음, 자기 자신에게 무슨 말을 했는지 물어본다. 사람들이 자신에게 하는 말들을 들어보면 정말 끔찍하다. 그중 가장 흔한 것은 "이 바보야!"이다. 하지만 이 사실을 알고 있는가. 세상에는 바보들이 무수히 많다. 그 외에도 여러 가지 폭력적인 단어들을 쓰는데, 내가 볼 때 인간이 개발한 가장 폭력적인 단어 중 하나는 '해야만 한다(Should)'이다. "난 그렇게 하지 말았어야 했어. 내가 더 조심했어야만 했어."

'해야만 한다'라는 단어는 좋은 것과 나쁜 것이 있고 해야 할 것과 하지 말아야 할 것이 있음을 암시하는 폭력적인 게임에서 나온 것이다. 누군가 해야 할 일을 하지 않으면 벌을 받아야 한다. 해야 할 일을 하면 보상을 받아야 한다. 이러한 생각은 엄청난 고통을 야기한다. 그래서 비폭력대화 교육에서는 사람들

> '해야만 한다'는 엄청난 고통을 야기한다.

이 실수를 했을 때 자신에게 무슨 말을 하는지를 인식하도록 한다. 그러면 사람들은 여러 가지 기억들이 따라오는 것을 경험한다.

그리고 어렸을 때 부모가 자신에게 했던 말들 중에 자신이 가장 싫어했던 말들을 자기 자신에게 하고 있음을 알아챈다.

"그것도 몰라? 왜 그렇게 조심성이 없니? 멍청하기는! 너 정말 이기적이구나! 도대체 뭐가 잘못된 거니!"

사람들은 자신이 완벽하지 않을 때 부모가 했던 것과 똑같은 방식으로 자신을 가르치고 있음을 본다. 자신에게 험한 말들을 해대는 것이다. 그러니 전체 약품 판매량의 41퍼센트가 항우울제라는 사실도 놀랍지 않다. 실수를 했을 때 자신을 비난하도록 가르치면 인생의 상당 부분을 우울하게 보내는 사람들이 아주 많아질 것은 당연하다.

'해야만 한다'의 고통을 넘어서도록 하기 위해서 우리는 먼저 사람들이 그러한 생각을 알아차리도록 돕는다. 그런 다음, 그러한 생각이 충족되지 않은 욕구의 비극적인 표현이라는 점을 보여준다. 다시 말해, 그 행동을 함으로써 자신의 욕구를 충족하지 못했고, 그 충족되지 않은 욕구가 무엇인지를 보게 된다면 실수로부터 배울 가능성이 훨씬 커진다는 것이다. 왜냐하면 어떻게 하면 자존감을 잃지 않으면서 욕구를 더 잘 충족할 수 있었을지를 상상할 수 있기 때문이다. 그래서 우리는 사람들이 자신을 비난하면서 사용하는 그 험한 말들을 찾아내도록 한 다음, 그러한 말들을 욕구 언어로 바꾸는 법을 가르쳐준다.

이 지점에서 우리는 실수라고 부르는 그 행동을 했을 때 자기 안에서 생동하고 있던 것과 공감적으로 연결하는 법을 보여준다. 그 행동을 함으로써 그 당시 자신이 충족하고자 했던 욕구를 찾는 것이다. 워크숍에서 한 엄마가 이렇게 말한다.

"오늘 워크숍에 늦어서 아이에게 큰 소리를 치면서 하지 말아야 할 말을 했어요. 거기에 대해 죄책감이 들고, 제가 정말 못된 엄마라는 생각이 듭니다."

"그러니까 아이에게 소리 지른 것에 대해 자신에게 '나는 못된 엄마야'라고 말씀하시는군요."

"네."

그러면 우리는 욕구를 좀 더 명료하게 할 수 있도록 돕는다.

"자신의 어떤 욕구가 충족되지 않았습니까? 자신이 못된 엄마이고 그런 식으로 행동하지 말았어야 한다는 비난을 통해 표현하고자 하는 욕구가 무엇인가요?"

> 자기 안에 생동하고 있던 것과 공감적으로 연결하라.

"저는 모든 사람들을 존중하고 싶어요. 특히 제 아이들에게는 더 그렇죠."

"그것이 충족되지 않은 욕구인가요?"

"네."

"지금 느낌이 어떤가요?"

"상당히 다른데요. 슬픈데 그렇게 우울하지는 않아요. 저 자신에게 그렇게 화가 나지도 않구요."

"좋습니다. 그러면 그 행동을 함으로써 충족하려고 했던 욕구는 무엇인가요?"

"거기에 대해선 변명의 여지가 없어요."

"아뇨, 사실 아주 좋은 변명이 있습니다. 다른 모든 사람들이 행동하는 것과 똑같은 이유로 그 행동을 하신 거니까요. 바로 그 순간에 자신이 알고 있던 최선의 방법으로 욕구를 충족하고자 한 것이죠. 그때 당신의 욕구가 무엇이었습니까?"

"글쎄요. 워크숍에 제 시간에 도착해서 선생님과 다른 참가자들을 존중하고 싶었죠."

그렇게 해서 우리는 이 여성이 모임에서 합의한 시간을 지키기 위해

절박함을 느끼고 있었다는 사실을 알아차리도록 도왔다. 우리가 이러한 방식으로 자신과 공감할 수 있게 되면 자신을 비난하기 시작하는 순간 그러한 비난을 충족되지 않은 욕구로 바꾸는 법을 알게 된다. 자기 공감을 할 수 있다면 자기 존중을 잃지 않으면서—그래서 죄책감이나 우울함을 느끼지 않으면서—자신의 한계로부터 훨씬 더 잘 배울 수 있다.

사실 나는 우리가 자기 자신에게 공감하지 못하면 다른 사람들에 대해 공감하기도 매우 어려울 것이라고 생각한다. 자기가 실수를 했을 때 자신에게 뭔가 문제가 있다고 생각한다면 다른 사람들이 같은 실수를 했을 때 그 사람들에게 문제가 있다고 생각하지 않겠는가? 우리의 의식을 욕구에 두고 있을 때 우리는 자기 존중을 잃지 않으면서 그 욕구를 충족할 가능성이 훨씬 커지고, 또 다른 사람들에 대해서도 그들이 한 말이나 행동에 대해 평가를 하지 않게 된다.

> 비폭력대화는 자기 자신 안에서 평화를 얻는 법을 배우도록 도와준다.

비폭력대화는 우리가 한 행동과 했으면 좋았을걸 하고 바라는 행동 간에 갈등이 있을 때 우리 안에서 평화를 얻는 방법을 배우도록 도와준다. 우리가 스스로에게 폭력적이라면 어떻게 평화로운 세상을 만드는 데 기여하겠는가? 평화는 우리 안에서 시작된다. 나는 우리가 자신을 벗어나 세상을 바라보기 전에, 또는 보다 큰 사회변화에 기여하고자 노력하기 전에 우리 내면의 모든 폭력으로부터 완전히 벗어나야 한다고 주장하는 것이 아니다. 단지 이것들을 동시에 할 필요가 있다는 말이다.

오래된 상처의 치유—애도와 사과

"애도할 시간이 없는 사람은 치유할 시간이 없다."
-헨리 테일러 경

우리 워크숍에서는 치유 작업이 아주 흔하게 일어난다. 먼저, 많게 는 80~90명의 관객 앞에서 이 작업을 한다는 점을 고려하면 우리가 적 용하는 방법의 효과에 대한 목격자가 그만큼 많다고 할 수 있겠다. 참 가자들은 전통적인 심리요법에서 6~7년 치료받은 것보다 내가 진행한 30~40분의 워크숍에서 더 많은 것을 얻었다고 말하곤 한다.

먼저 우리는 과거에 일어난 일에 대해서는 거의 언급하지 않는다. 나 는 과거에 일어난 일에 대해 말하는 것이 치유에 도움이 되지 않을뿐더 러 고통을 영속시키고 더 증가시킨다는 사실을 발견했다. 이는 내가 심 리분석에서 배운 내용과 정반대되는 것으로, 수년간의 경험을 통해 나 는 지금 이 순간에 일어나고 있는 것에 대해 말함으로써 치유가 된다는 사실을 깨달았다. 물론 그것이 과거의 일로 자극받고 과거가 현재에 영 향을 끼친다는 사실을 부인하지는 않는다.

하지만 우리는 과거에 '얽매이지' 않는다.

> 지금 이 순간에 일어나고 있는 것에 대해 말함으로써 치유된다.

그러면 이것을 어떻게 하는가? 나는 종종 역할극을 통해 과거에 어떤 사람에게 고통 을 준 상대의 역할을 한다. 상당수의 경우, 그러한 고통을 유발한 사람은 부모이다. 나는 어렸을 때 그 사람을 때렸거나 성적으로 학대한 아버지의 역할을 맡기도 한다. 그러면 그 일로 인해 수년간 고통 받고 있는 사람과 함께 앉아서 그 고통을 자극하는 사람 역할을 하고, 그 사람이 마치 비폭력대화를 알고 있는 듯이 행동한다. 나는 공감과 함께 시작하며 이렇게 말한다.

"그때 내가 한 행동으로 인해 아직까지 네 안에서 생동하고 있는 것이 무엇이니?"

이렇게 우리는, 과거에 있었던 일에 대해 이야기하는 것이 아니라, 과거에 일어났던 일로 인해 지금 그 사람 안에서 일어나고 있는 것에 대해 이야기한다.

상대방은 비폭력대화를 모르는 경우가 많기 때문에 판단을 통해 자기 안에 생동하고 있는 것을 표현한다.

"나한테 어떻게 그럴 수가 있어요? 아버진 정말 잔인했어요. 어떻게 아버지가 자기 자식을 그렇게 때릴 수가 있어요?"

그러면 나는 말을 시작한다.

"네가 방금 한 말을 내가 다시 해볼게……."

그런 다음 나는 비폭력대화를 사용해서 그 말을 느낌과 욕구로 바꾼다. 아버지 역할을 함으로써 나는, 상대방이 그것을 명료하게 표현하지 않더라도, 상대의 고통과 공감적으로 연결한다.

비폭력대화에서 우리는 이러한 모든 판단이 그 사람이 느끼고 있는 느낌과 욕구의 비극적인 표현이라는 사실을 알고 있다. 그래서 나는 아직까지 그처럼 고통스러운 지금 이 순간에 대해 상대가 완전히 이해받았다고 느낄 때까지 계속한다. 상대가 필요한 만큼 충분히 이해를 받고 나면 나는 계속 아버지 역할을 하는 상태에서 애도를 한다. 사과가 아니라 애도를 하는 것이다.

비폭력대화는 애도와 사과 간에 큰 차이가 있음을 보여준다. 사과는 기본적으로 우리가 쓰는 폭력적인 언어에 속한다. 그것은 잘잘못을 내포하는 말이다. 즉 누군가가 나쁜 사람이며, 비난받아야 하고, 뉘우쳐야 한다고 가정하는 것이다. 그

> 사과는
> 우리가 쓰는
> 폭력적인 언어에 속한다.

리고 그는 자신이 나쁜 사람이며 충분히 뉘우쳤다고 인정될 때 비로소 용서를 받을 수 있다. "미안하다"는 그 게임의 일부이다. 자신을 충분히 미워해야만 용서받을 수 있는 것이다.

사람들에게 정말 치유가 되는 것은 자신이 못된 사람이라고 인정하는 것이 아니라, 자기 내면으로 들어가 그 행동으로 인해 자신의 어떤 욕구가 충족되지 않았는지를 보는 것이다. 그리고 그 욕구와 연결되어 있을 때는 다른 종류의 고통을 느낄 것이다. 그것은 자연스러운 고통으로, 죄책감이나 자신에 대한 증오가 아닌, 배움과 치유로 이끄는 고통이다.

아버지 역할을 하면서 나는 딸에게 충분히 공감을 해준 다음 애도를 한다.

"그때 내가 나 자신의 고통에 대처했던 방식이 네게 그렇게 많은 고통을 불러온 것을 보니 너무도 슬프구나. 그리고 그 행동으로 내 욕구가 충족되지 않았어. 내 욕구는 그와 정반대로 네 행복에 기여하는 것이었는데."

애도는 이런 식으로 할 수 있다.

애도를 한 다음에는 아버지가 과거에 그러한 행동을 했을 당시 자기 안에 생동하던 것을 딸에게 설명한다. 이때 우리는 과거로 들어간다. 하지만 그때 무슨 일이 있었는가를 이야기하는 것이 아니라, 아버지가 그 행동을 할 당시 그의 내면에서 무엇이 생동하고 있었는지를 딸이 보도록 도와준다.

아버지는 이렇게 말할 수 있다.

"난 내 삶의 여러 부분에서 큰 고통을 겪고 있었다. 일은 제대로 되지 않고 나 자신이 낙오자처럼 느껴졌지. 그래서 너랑 네 동생이 소리를 지를 때 그런 끔찍한 방법 외에는 내 고통에 어떻게 대처해야 할지를 몰랐던 거야."

아버지가 그때 자기 안에서 생동하고 있던 것을 솔직하게 표현하고 딸이 그것을 보고 공감할 수 있게 되면 정말 놀라운 치유가 일어날 수 있다. 많은 사람들은 이 모든 것이 한 시간 안에, 방 안에 관객들이 가득 차 있는 상태에서 일어난다는 사실에 놀라워한다.

연습 아직도 자신에게 고통스러운 과거의 어떤 사람이나 사건을 생각해보자. 그 사람 또는 사건과 관련하여 지금 이 순간 나의 내면에 무엇이 생동하는가? 그와 관련된 다른 사람들의 내면에는 무엇이 생동하고 있었을까?

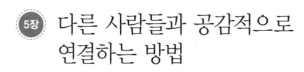

5장 다른 사람들과 공감적으로 연결하는 방법

우리는 우리 안에 생동하는 것과 우리의 삶을 보다 풍요롭게 하는 것들을 어떻게 표현할 수 있는지 살펴보았다. 우리는 그것이 관찰과 느낌, 욕구, 명료한 부탁과 어떻게 관련되는지를 보았다. 하지만 이들은 도구일 뿐이다. 이 도구들은 비폭력대화의 영적인 목적에 따라 사용될 때, 즉 연결을 이루어 사람들이 신성한 에너지, 연민의 즐거움, 기여의 기쁨에서 우러나와 행동할 수 있을 때에만 힘을 갖는다는 사실을 인식하는 것이 중요하다. 우리가 그런 의도를 갖지 않는다면 우리는 모든 것을 놓치게 된다.

일례로, 한 여성이 워크숍 둘째 날에 와서 이렇게 말했다.

"어제 집에 가서 시도를 해봤는데 효과가 없더라구요."

"그럼, 그 경험으로부터 함께 배워보죠. 어제 무엇을 하셨습니까?"

이 여성은 자신이 원하는 대로 하지 않은 아이에게 어떻게 이야기를 했는지 말했다. 그녀는 비폭력대화의 도구들을 제대로 사용했다. 아주 명료하게 관찰을 했고, 자신의 느낌과 욕구, 부탁을 표현했다. 하지만 아이는 여전히 엄마가 원하는 대로 하지 않았다. 내가 말했다.

"효과가 없더라는 게 무슨 뜻인가요?"

"내가 하라는 대로 안 하더라구요."

"아, 본인이 원하는 대로 아이가 안 해서 효과가 없다고 생각하시는 거군요."

"네."

"그건 비폭력대화가 아닙니다. 절차는 제대로 따르셨지만 그게 본질이 아니지요. 제가 어제 말씀드린 걸 기억해보세요. 비폭력대화의 목적은 질적인 연결을 만들어냄으로써 연민의 마음으로 서로에게 즐겁게 기여하는 것을 가능하게 하는 것입니다. 내가 원하는 걸 얻기 위한 게 아니구요."

"그럼 결국 제가 온갖 집안일을 다 해야 한다는 거군요."

그녀는 다른 많은 사람들과 같은 실수를 했다. 자신이 원하는 대로 상대방이 하지 않으면 결국 포기하고 비관적이 되는 수밖에 없다고 생각하는 것이다. 나는 이 여성에게 서로가 연결되면 모든 사람의 욕구가 충족될 수 있다는 것을 보여주었다. 하지만 상대방이 볼 때 내가 원하는 것을 얻는 것이 나의 유일한 목적이라면 상황이 달라진다. 그러면 부탁이 강요로 바뀌게 된다.

상대방의 반응에 대처하는 법

> "우리는 우리 자신만을 위해서 살 수 없다.
> 우리는 천 가닥의 실을 통해 다른 사람들과 연결되어 있다.
> 그리고 그 공감의 실들을 따라 우리의 행동이 원인으로서 흘러갔다가
> 결과가 되어 우리에게 다시 돌아온다."
> ─허먼 멜빌

앞에서 비폭력대화에서 제시한 대로 여러분이 어떤 사람에게 솔직하게 자기를 표현했던 상황을 생각해보자. 그것이 전체 프로세스의 절반이다. 비폭력대화로 우리를 표현하는 법을 배운 것이다. 나머지 절반은 상대방의 반응에 대처하는 방법이다.

많은 사람들이 자신을 열어서 드러내 보이면 다음과 같은 일들이 일어날까 봐 두려워한다. 자신의 내면에 생동하는 것과 삶을 보다 풍요롭게 만드는 것을 솔직하게 드러내 보이면 상대방이 자신을 진단할까 봐 두려워한다. 상대방은 내가 갖고 있는 느낌, 욕구, 부탁과 관련해서 내게 뭔가 문제가 있다고 말할 것이다. 또 예민하고 까다롭고 원하는 게 많다고 말할지도 모른다. 물론 그런 일이 있을 수 있다. 우리가 사는 세상에서는 사람들이 그런 식으로 생각하기 때문에 우리가 정직하게 마음을 열었을 때 판단하는 말을 들을 수도 있을 것이다. 하지만 걱정할 필요가 없다! 비폭력대화는 우리에게 돌아올 모든 반응에 대처할 수 있도록 도와준다.

침묵을 두려워하는 사람들도 있다. 그들은 이렇게 말한다.

"내가 마음을 열고 솔직하게 이야기를 했는데 상대방이 아무 말도 안 하면 어떡합니까?"

우리는 거기에 대해서도 준비할 수 있다. 많은 사람들이 아주 작은 단어 하나를 두려워한다. 바로 "아니오(No)"이다. 사람들은 "내가 마음을 열고 원하는 것을 말했는데 상대방이 거절하면 어떡합니까?"라고 말한다. 여러분이 적어놓은 것을 보자. 우리는 솔직하게 마음을 열고 상대방을 대했을 때 돌아올 수 있는 모든 상황에 대해 준비하기를 바란다.

> 많은 사람들이 아주 작은 단어 하나를 두려워한다. 바로 "아니오(No)"이다.

비폭력대화의 나머지 절반은 상대방의 내면에서 생동하는 것 그리고 그들의 삶을 보다 풍요롭게 할 수 있는 것과 공감적으로 연결하는 방법을 보여준다. 공감적 연결은 매우 구체적인 의미와 목적을 가지고 있다. 공감은 특별한 유형의 이해이다. 그것은 상대방이 한 말을 지적으로 또는 머리로 이해하는 것이 아니다. 그보다 훨씬 더 깊고 더 소중한 것이다.

공감적인 연결은 마음으로 이해하는 것으로, 상대방의 내면에 깃든 아름다움, 상대방의 내면에 있는 신성한 에너지, 그들 안에서 생동하는 생명의 에너지를 보고 그것과 연결하는 것이다. 비폭력대화의 목적은 그것을 지적으로 이해하는 것이 아니라 그것과 공감적으로 연결하는 것이다. 우리가 상대방과 똑같은 감정을 느껴야 한다는 말이 아니다. 상대방이 슬퍼할 때 우리가 슬픔을 느끼는 것은 동감이다. 공감적 연결이란 상대방과 똑같은 감정을 가져야 한다는 것이 아니라 그 사람과 함께 있다는 것을 말한다. 이렇게 특별한 방식으로 이해하기 위해서는 한 인간이 다른 인간에게 줄 수 있는 가장 소중한 선물 하나가 필요하다. 지금 이 순간에 현존하는 것이다.

우리가 상대방을 머리로 이해하려고 하면 그 순간에 그 사람과 함께 있는 것이 아니다. 우리는 그 자리에 앉아서 상대방을 분석할 뿐 그와 함께 있는 것이 아니다. 공감적인 연결은 지금 이 순간에 상대방의 내면에서 생동하는 것과 연결하는 것이다. 상대방이 어떻게 반응할지 예상을 해보자.

> 상대방을 머리로
> 이해하려고 한다면
> 그와 함께 있다고 할 수 없다.

사흘 연속 야근을 요구하는 상사에게 여러분이 느끼는 좌절감을 털어놓았다고 가정해보자. 여러분은 다른 약속도 있고 또 돌보고 싶은 다른 욕구들도 있기 때문에 좌절감을 느끼고 있다. 그래서 상사에게 야근을 안 하고자 하는 이유를 솔직하게 이야기하고 야근을 할 수 있는 다른 사람을 찾아볼 수 있겠느냐고 분명하게 부탁을 했다.

여러분은 솔직하게 이야기를 했다. 그런데 상사가 이렇게 응답한다고 상상해보자.

"일을 그만두고 싶다면 그렇게 해주지."

이제 여러분은 어떤 선택이 가능한가? 다른 사람에게서 어떠한 말을 듣든 간에 그것을 받아들이는 데 우리에게 선택이 있다는 것을 살펴보자.

첫 번째 선택: 상사의 말을 개인적으로 받아들여서 그런 부탁을 한 자신에게 뭔가 문제가 있다고 생각한다. 그래서 상사에게서 그런 말을 들으면 바로 이렇게 생각한다.

내가 이기적인 행동을 하고 있어. 난 좋은 직원이 아니야.

상사가 한 말을 개인적으로 받아들이는 것이다.

우리는 권위 있는 사람이 잘못된 점을 지적하면 우리에게 문제가 있다고 생각하도록 교육받아왔다. 나는 여러분에게 절대로, 절대로, 절대로 다른 사람들이 여러분을 어떻게 생각하는지 신경 쓰지 말 것을 제안한다. 그렇게만 할 수 있다면 여러분은 인생을 즐기면서 더 오래 살 것이라는 게 내 생각이다. 절대로 그런 말들을 개인적으로 받아들이지 말자.

두 번째 선택: 그 말을 한 상대방을 평가한다. 우리는 이렇게 생각하거나 말을 할 수 있다. 그건 부당해요, 말도 안 되는 소리예요, 등등. 상대방을 비난할 수도 있다. 하지만 나는 여러분이 그렇게 하지 않길 원한다. 내가 추천하는 방법은 상대방으로부터 받은 모든 메시지와 공감적으로 연결하는 법을 배우는 것이다. 그렇게 하려면 그 사람의 내면에서 생동하는 것을 볼 수 있어야 한다.

> 상대방으로부터 받은 모든 메시지와 공감적으로 연결하는 법을 배우자.

조시 바란(Josh Baran)은 최근에 편집한 『365일 바로 지금 이곳이 열반 세상: 언제나 깨어 있는 삶(365 Nirvana Here and Now: Living Every Moment in Enlightenment)』이라는 책에서 내가 공감을 파도타기에 비교해서 한 말을 인용했다. 나는 공감이 파도를 타는 것과 비슷하게 어떤 에너지와 연결되는 것이라고 말했다. 이 에너지는 매 순간에 우리 모두의 내면에서 생동하는 신성한 에너지이다.

불행히도 많은 사람들은 그동안 학습해온 사고방식 때문에 그 신성한 에너지로부터 차단되어 있다. 하지만 내게 있어 공감은 다른 사람을 통해 오는 그 에너지와 연결하는 것이다. 그것은 신성한 경험이다. 실제로 나는 내가 그 신성한 에너지의 흐름 속에 있는 것처럼 느낀다. 두 사람이 그렇게 연결되면 모두의 욕구가 충족되는 상태에서 어떠한 갈등이든지 모두 해결할 수 있다.

우리가 좋아하지 않는 방식으로 행동하는, 다른 문화권에서 온 사람들과 공감하는 법을 가르치면서 우리는 평화적으로 차이를 해소하는 법을 발견한다. 그래서 공감을 실천하는 일은 아름다운 경험이다. 비폭력대화는 외교적인 관계에서 흔히 접하는 대립적인 전술이 아닌 공감을 바탕으로 한 평화를 이루는 데도 효과적이다.

우리가 다른 사람들의 내면에서 생동하는 것과 공감할 때 얼마나 큰 치유가 일어나는지를 보면 정말 놀라울 정도이다. 불행히도 오늘날의 지구에는 사람들이 겪고 있는 고통으로 인해 너무도 많은 치유가 필요한 실정이다. 나는 자주 종교 간 갈등으로 인해 피해를 입은 사람들을 도와달라는 부탁을 받는다.

> 불행히도 오늘날의 지구에는 너무도 많은 치유가 필요한 실정이다.

나는 알제리 출신의 한 여성과 함께 치유 작업을 한 적이 있다. 그녀와 그녀의 친구는 옷 입는 방식이 다르다는 이유로 사람들에 의해 밖으로 끌려나왔다. 그리고 그녀는 자신의 친구가 차에 매달려 죽을 때까지 끌려다니는 모습을 보도록 강요당했다. 그런 다음, 사람들은 그녀를 집 안으로 끌고 가 그녀의 부모가 보는 앞에서 강간을 했다. 사람들은 다음 날 다시 와서 그녀를 죽일 작정이었는데, 다행히 그 여성은 스위스 제네바에서 심각한 위험에 처한 사람들을 구조하는 일을 하는 내 동료들에게 전화를 걸 수 있었다.

내 동료들은 그녀를 구조한 뒤 내게 전화를 걸었다.

"선생님, 이 여성에게 치유 작업을 좀 해주실 수 있겠어요? 너무도 고통스러워하고 있어요. 지금 여기 스위스에 온 지 2주가 지났는데 낮이고 밤이고 계속 울고만 있네요."

"그러죠. 오늘 저녁에 저한테 보내세요. 기꺼이 도와드릴게요."

"한 가지 알아두셔야 할 게 있어요. 이 여성은 자기가 누구를 죽일지도 모른다고 생각하고 있어요."

"제가 그 사람이 아니라 그 사람의 역할을 할 거라고 말씀하셨어요?"

"네, 그건 이해를 했어요. 그런데 단순히 선생님을 그 사람으로 상상하는 것만으로도 선생님을 공격하게 될까 봐 걱정스럽다고 하네요. 그리고 한 가지 더 말씀드릴 게 있어요. 이 여성이 체구가 좀 큽니다."

"알려주셔서 고맙습니다."

하지만 그 여성이 나와 다른 언어를 쓰기 때문에 나는 이렇게 말했다.

"제가 통역사 한 명과 함께 갈 거라고 말해주세요. 그 사람은 르완다에서 온 남자인데 제 교육에 참가하고 있는 사람이구요. 그가 겪은 폭력적인 경험으로 볼 때 그런 이야기에는 전혀 겁내지 않을 겁니다. 그분이 실내에서 우리 두 사람과 함께 있는 것에 대해 안전하게 느끼는지 알아봐주세요."

그렇게 해서 나는 그 여성을 만났고, 옷 입고 행동하는 방식이 마음에 들지 않는다는 이유로 그러한 행동을 한 종교적 극단주의자 역할을 했다. 우리는 상당한 시간을 들였다. 약 한 시간 반 동안 그녀는 내게 소리를 지르며 자신이 느낀 고통을 토해냈다. 나는 그 순간에 그녀 안에 있는 깊은 고통의 소리를 들으면서 비폭력대화로 공감했다. 그런 다음, 그녀는 내게 이렇게 소리쳤다.

"나한테 어떻게 그럴 수가 있어?"

나는 이렇게 말했다.

"내가 그 행동을 하던 순간에 내 안에서 일어나고 있었던 일에 대해 말하고 싶습니다. 하지만 그 전에 지금 당신의 고통을 보면서 내가 얼마나 큰 고통을 느끼는지를 말씀드리고 싶어요."

나는 먼저 애도를 한 다음, 내가 그런 행동을 하게끔 한, 그 당시 내 안에 생동하고 있었던 것에 대해 말했다. 그러자 그녀가 깜짝 놀라면서 내게 물었다.

"그걸 어떻게 알았어요?"

"무슨 말이죠?"

"그 남자도 그와 똑같은 말을 했어요. 그걸 어떻게 아셨냐구요."

"내가 그걸 안 것은 내가 그 남자이기 때문입니다. 그리고 당신도 그 남자이고, 우리 모두가 그 남자입니다."

인간성 한가운데에 우리는 모두 똑같은 욕구를 갖고 있다. 그래서 이 치유 작업을 할 때 나는 머리로 올라가 그 남자가 어떤 생각을 했을지를 생각한 것이 아니라, 나 자신을 그 역할에 놓고 내가 그러한 행동을 할 때 내 안에서 생동했을 법한 것들을 말로 표현했다. 그 여성이 그것을 들었을 때 정말 놀라운 치유가 일어났다. 나는 지금까지 거의 8년 동안 그녀와 연락을 해오고 있는데 그 치유가 아직도 지속되고 있다.

> **연습** 이제 각자의 상황으로 돌아가보자. 그리고 지금까지 배운 것을 시도해본다고 상상하자. 각자는 선택한 상황 속의 상대방에게 가서 솔직하게 이야기를 하기로 결정했으며, 두 가지 질문에 대한 답을 얻기 위해 비폭력대화의 4단계를 이용할 것이다. 앞서 종이에 적은 네 가지―그 사람이 한 행동이 무엇인지, 나는 어떻게 느끼는지, 나의 어떤 욕구가 충족되지 않는지, 나의 부탁은 무엇인지―를 상대방에게 말한다. 이제 상대방이 어떻게 반응할 것인지를 예상해서 종이에 적어보자.

6장 다른 사람들의 내면에 깃든 아름다움

비폭력대화는 다른 사람들의 내면에서 생동하는 것을 볼 수 있도록 도와준다. 그리고 매 순간, 그들이 무슨 행동을 하고 무슨 말을 하든지 상관없이, 그들의 내면에 있는 아름다움을 볼 수 있게 한다. 그러려면 지금 이 순간에 그 사람의 느낌과 욕구에 연결되어야 한다는 점을 보았다. 그것이 바로 그들 안에 생동하는 것이다. 그리고 그렇게 할 수 있을 때 우리는 상대방이 언제나 아주 아름다운 노래를 부르고 있음을 알게 될 것이다.

한번은 워싱턴 주에 있는 한 학교에서 12학년 학생들에게 공감적으로 연결하는 방법을 보여주고 있었다. 아이들은 부모 그리고 교사들과 소통하는 법을 알고 싶어 했다. 아이들은 자신의 내면에 생동하는 것을 솔직하게 보여줬을 때 부모나 교사들이 보일 반응을 두려워했다. 한 학생이 말했다.

"제가 한 선생님께 솔직하게 말씀드렸거든요. '이해가 안 간다구요. 다시 한 번만 설명해주시겠어요?'라고 하니까 선생님께서 '지금까지 안 듣고 뭐했니? 내가 벌써 두 번이나 설명했잖아'라고 하셨어요."

다른 아이가 말했다.

"어제 아빠께 뭔가를 부탁드렸거든요. 그러면서 제 욕구를 말씀드리려고 했는데 아빠는 '넌 우리 가족 중에 제일 이기적인 놈이야'라고 하셨어요."

아이들은 내게 자신의 삶에서 그런 언어를 사용하는 사람들과 공감적으로 연결하는 법을 보여달라고 했다. 이 아이들은 그런 말들을 개인적으로 받아들이고 자신에게 무언가 잘못되었다고 생각하는 법밖에는 알지 못했다. 나는 아이들에게 다른 사람들과 공감적으로 연결하는 법을 배우면 그들이 언제나 아름다운 노래만을 부르는 걸 듣게 될 것임을 보여주었다. 그들은 자기 안에서 생동하고 있는 아름다운 욕구들을 봐달라고 부탁하고 있다. 나는 아이들에게 그 순간에 상대방의 내면에 있는 신성한 에너지와 연결된다면 상대가 무슨 말을 하건 간에 그 이면에 있는 아름다운 욕구들을 듣게 된다는 점을 보여주었다.

예를 또 하나 들어보자. 나는 반미 감정이 강한 국가에 있는 어느 난민촌에서 워크숍을 진행한 적이 있었다. 거기에는 약 170명 정도의 사람들이 모여 있었는데, 통역사가 나를 미국인이라고 소개하자 청중 중의 한 사람이 일어나 내게 소리를 질렀다.

> 공감적으로 연결하는 법을 배워라. 그러면 상대방이 언제나 아름다운 노래만을 부르는 걸 듣게 될 것이다.

"살인자!"

또 한 사람이 벌떡 일어서서 소리를 질렀다.

"아동 학살범!"

또 한 사람이 일어났다.

"암살자!"

나는 그날 내가 비폭력대화를 알고 있다는 사실에 감사했다. 비폭력대화로 인해 나는 그 사람들이 하는 말의 이면에 있는 아름다움, 그들 안에 생동하는 것을 볼 수 있었다. 비폭력대화에서는 상대방의 말 이면에 숨은 느낌과 욕구를 듣기 때문이다. 그래서 나는 첫 번째 남자에게 이렇게 말했다.

"저의 나라가 지원을 해주길 바라시는데 그렇게 되지 않아서 화가 나신 겁니까?"

그때 그가 무엇을 느끼고 있고 욕구는 무엇인지 추측하기 위해 이와 같은 질문이 필요했다. 물론 내 추측이 틀렸을 수도 있었다. 하지만 설령 틀린다 하더라도 내가 그 안의 신성한 에너지, 그 순간 그가 갖고 있는 느낌과 욕구에 진심으로 연결되고자 노력한다면, 우리가 어떻게 소통하든지 간에 그는 내가 그 안에 생동하는 것을 소중히 여기고 있음을 볼 것이다. 상대방이 그것을 신뢰하면 우리는 모든 이의 욕구가 충족될 수 있는 연결을 맺을 수 있다.

> 상대의 내면에서 생동하는 것을 소중히 여기고 있다는 사실을 상대방이 볼 수 있는 방식으로 연결을 시도하라.

그 남자가 느끼는 고통이 매우 컸기 때문에 이 연결이 바로 이루어지지는 않았다. 그리고 내 추측이 맞았다. 왜냐하면 내가 "저의 나라가 지원을 해주길 바라시는데 그렇게 되지 않아서 화가 나신 겁니까?"라고 말하자 그 남자가 "#!@&%! 맞소"라고 말했기 때문이다. 그는 계속해서 이렇게 말했다.

"우리는 하수구도 없소. 살 집도 없소. 그런데 왜 여기다 무기를 보내는 거요?"

"그러니까 선생님. 하수처리시설이나 살 집 같은 것이 필요한 곳에 무기를 보내니 그것이 매우 고통스럽다는 말씀이시지요?"

"맞소. 이런 상황에서 28년이나 산다는 것이 도대체 어떤 것인지 알고나 있소?"

"선생님의 삶이 지금 아주 고통스럽고 선생님이 살고 계시는 상황에 대한 이해가 필요하다는 말씀이시군요."

나는 그렇게 그 남자가 나를 살인마라고 생각한다는 사실에 주의를 기울이지 않고, 대신 그의 내면에서 생동하는 것을 듣고자 노력했다. 그는 내가 진심으로 그가 느끼고 있는 것, 그가 필요로 하는 것에 관심을 기울이고 있는 것을 보고 나서야 비로소 내 말을 들을 수 있었다. 그런 다음 내가 말했다.

"저는 지금 참 좌절스럽습니다. 제가 여러분께 보여드리고 싶은 게 있어서 멀리서 여기까지 왔는데, 선생님이 저를 미국인이라고 낙인 찍으셔서 제 이야기를 듣지 않으실 것 같아 걱정스럽습니다."

"우리한테 무슨 말을 하고 싶은 거요?"

그제서야 그는 내 말을 들을 수 있었다. 하지만 나는 그가 나를 비난한 말 뒤에 숨어 있는 인간의 모습을 볼 필요가 있었다. 그러고 나서 한 시간 후에 그는 나를 자기 집으로 초대했다. 지금 나는 그 난민촌에서 비폭력대화 학교를 운영하고 있다. 그리고 갈 때마다 언제나 환대를 받는다.

우리가 서로의 내면에 있는 인간의 모습, 말 뒤에 숨어 있는 느낌과 욕구에 연결되면 이와 같은 일이 일어난다. 그것을 언제나 말로 표현해야 하는 것은 아니다. 상대방이 어떻게 느끼고 무엇을 필요로 하는지가 자명해서 굳이 말로 할 필요가 없을 때도 있다. 상대방은 우리의 눈을 보고 우리가 진심으로 그들과 연결하고자 하는지를 알 것이다.

상대방의 의견에 동의할 필요는 없다. 상대방이 하는 말이 마음에 들어야 한다는 의미도 아니다. 우리의 현존이라는 소중한 선물을 주는 것, 지금 이 순간에 그 사람 안에 생동하는 것에 진심으로 관심을 갖고 함께한다는 의미이다. 공감은 심리학적인 기법으로서 하는 것이 아니라 지금 이 순간 상대방 안에 있는 아름다움과 진심으로 연결되기를 원하기 때문에 하는 것이다.

지금까지 배운 것을 정리해보면 이렇다. 먼저 그 사람에게 우리 안에 생동하고 있는 것에 대해 이야기하고, 우리의 삶을 보다 풍요롭게 하기 위해서 상대가 어떻게 해주었으면 하는가에 대해 말함으로써 대화를 시작할 수 있다. 그런 다음, 상대가 어떻게 나오든지 간에 우리는 상대의 내면에서 생동하는 것과 상대의 삶을 보다 풍요롭게 할 수 있는 것에 연결하고자 노력한다. 그러고 나서 모두의 욕구를 충족하는 방법을 찾을 때까지 이러한 대화의 흐름을 지속한다.

우리는 사람들이 어떤 해결 방법에 동의를 할 때에는 그것이 처벌이나 죄책감 등과 같은 이유 때문이 아니라 서로의 안녕에 기여하고자 하는 욕구에서 우러나와야 한다고 믿는다. 상당수의 사람들은 때로는 그것이 불가능하다고 생각한다. 어떤 사람들은 너무 문제가 많아서 어떤 방법도 먹히지 않는다는 것이다. 하지만 내 경험으로는 그렇지 않다.

공감적인 연결이 언제나 곧바로 이루어진다는 말은 아니다. 한 예로, 내가 함께 작업을 한 일부 재소자들의 경우에는 내가 진실로 그들 안에 생동하는 것에 깊은 관심을 갖고 있다는 사실을 믿기까지 꽤 시간이 걸렸다. 내가 어려서부터 유창하게 비폭력대화를 배울 수 있는 문화 속에서 자란 것이 아니기 때문에 이것을 배우는 일은 정말 도전이 될 때도 있다.

내가 처음 비폭력대화를 배울 당시 큰아이와 갈등이 있었다. 그 아이가 말대꾸를 할 때 내가 보인 첫 번째 반응은 아이의 내면에 생동하는 것, 즉 느낌과 욕구에 연결되는 것이 아니었다. 나는 곧장 그 아이가 무엇을 잘못했는지를 지적하고 싶어 했다. 그때마다 나는 숨을 깊이 들이마셔야 했다. 그래서 잠시 동안 내 안에서 생동하는 것을 들여다보고 내가 아이와 연결이 끊어지고 있음을 본 다음, 다시 내 주의를 아이에게 돌렸다. "그러니까 지금 네가 느끼는 것은……" "네가 원하는 것이……"라고 말하면서 아이와 계속 연결하고자 노력했다.

그러면 아이는 다른 소리를 했다. 그러면 나는 다시 자극을 받았고, 속도를 늦추고 숨을 깊이 들이쉬면서 아이의 내면에서 생동하는 것으로 관심을 돌리기 위해 노력했다. 그래서 대화를 하는 데 시간이 많이 걸렸는데, 아이의 친구들이 밖에서 기다리고 있었다. 아이가 참지 못하고 이렇게 말했다.

"아빠, 아빠는 말씀하시는 데 시간이 너무 많이 걸려요."

"그래? 그럼 내가 빨리 말해주마. 내 말대로 해라. 안 그러면 궁둥이를 걷어차 줄 테니!"

"아빠, 천천히 하세요. 천천히."

천천히

비폭력대화를 하려면 우리가 문화적으로 주입받은 대로 하지 않고 우리의 신성한 에너지에서 우러나와 행동할 수 있게 시간을 갖고 천천히 할 필요가 있다.

⓻장 무엇을 바꾸고 싶은가?

    사회변화 운동을 효과적으로 하고자 할 때에는 우리 내면에서 해야 할 일이 있다는 것을 이해하는 것이 도움이 된다. 내면 작업을 하는 동안 우리 자신을 넘어 바깥세상에서 어떤 변화가 이루어지기를 바라는지 살펴볼 필요가 있다. 그러한 변화 중 몇 가지를 살펴보면서 비폭력대화가 어떻게 도움이 될 수 있는지를 보자.

    어떤 사람들은 우리를 경악하게 하는 방식으로 행동한다. 바로 우리가 범죄자라고 부르는 사람들이다. 그들은 물건을 훔치고, 강간을 한다. 그처럼 우리가 혐오하고 두려워하는 방식으로 행동하는 사람들이 주변에 있을 때 우리는 어떻게 할 것인가? 그런 사람들을 어떻게 바꿀 수 있는가, 혹은 어떻게 그들이 변하도록 할 수 있는가? 여기서 우리는 회복적 정의(restorative justice)를 적용하는 법을 배울 필요가 있다. 그리고 다른 사람들이 우리가 좋아하지 않는 방식으로 행동할 때 그들을 벌하지 않는 법을 배울 필요가 있다.

    앞서 말한 것처럼 처벌은 지는 게임이다. 우리는 사람들이 행동을 바꾸기를 원한다. 하지만 그 이유가 처벌이 두려워서가 아니라 더 적은 대가를 치르면서 자신의 욕구를 더 잘 충족할 수 있는 방법을 볼 수 있기 때문이기를 바란다.

스위스에서 진행한 어느 워크숍에서 한 여성이 이렇게 말했다.

"선생님, 어떻게 하면 아들이 담배를 끊게 할 수 있을까요?"

"그게 당신의 목적인가요? 아드님이 담배를 끊게 하는 것?"

"네."

"그럼 아드님은 계속 담배를 피울 겁니다."

"네? 그게 무슨 말씀이신가요?"

"다른 사람으로 하여금 어떤 일을 하지 못하도록 하는 것이 우리의 유일한 목적일 때 우리는 언제나 힘을 잃습니다. 우리가 정말 변화를 이끌어내는 힘을 가지려면—그것이 자신의 변화든, 다른 사람을 변화시키는 것이든, 사회를 변화시키는 것이든 간에—세상이 어떻게 하면 더 나아질 수 있는가에 대한 의식에서 나와야 해요. 우리는 사람들이 더 적은 대가를 치르고 자신의 욕구를 더 잘 충족할 수 있는 방법을 보기를 원하거든요."

> 상대방이 어떤 일을 하지 못하도록 하는 것이 우리의 유일한 목적일 때 우리는 언제나 힘을 잃는다.

그런 다음 우리는 이것이 그녀의 상황에 어떻게 적용될 수 있는지를 살펴보았다. 그녀는 아들의 건강을 걱정하면서 큰 고통을 겪고 있었다. 그녀의 아들은 2년 동안 담배를 피우고 있었고, 그래서 매일같이 둘이 싸움을 했다. 그녀의 목적은 아들이 담배를 끊도록 하는 것이었고, 흡연이 얼마나 해로운가에 대해 아들에게 설명함으로써 그 목적을 달성하고자 했다. 그녀는 이렇게 말했다.

"선생님, 비폭력대화가 이 상황에 어떻게 도움이 될 수 있을까요?"

"먼저 한 가지 명확히 해야 할 것이 있어요. 당신의 목적은 아드님이 담배를 끊도록 하는 것이 아닙니다. 대신, 흡연으로 인해 충족되는 욕구가 무엇이건 간에 아드님이 더 적은 대가를 치르고 그 욕구를 충족할 수 있는 다른 방법들을 찾도록 돕는 것이어야 합니다."

"그게 도움이 되겠군요. 정말 도움이 될 것 같아요. 하지만 그걸 아이에게 어떻게 말해야 할까요?"

"저라면 먼저 담배를 피우는 것이 아이가 할 수 있는 가장 최선의 일이라고 생각한다는 걸 아이에게 진지하게 말해주겠습니다."

"네? 그게 무슨 말씀이신가요?"

"아이가 담배를 피우는 건 그 행동이 자신의 욕구를 충족시키기 때문입니다. 그러니까 아이가 어떤 욕구를 충족하고 싶어 하는지에 대해 진심으로 공감적인 연결을 보여주면, 자신이 왜 그 행동을 하는지를 엄마가 이해하고 있다는 걸 알게 될 겁니다. 우리는 아이가 담배를 피우는 행동과 관련해서 아이를 평가하거나 비난하지 않습니다. 누구든 그러한 이해를 받는다고 느끼면 훨씬 더 마음을 열고 다른 방법들에 귀를 기울이게 되죠. 상대방이 생각할 때 우리의 유일한 목적이 그들을 변화시키는 것이라면, 또는 자신의 행동에 대해 비난받는다고 느끼면 변화를 이루기가 더 어렵습니다. 그러니까 가장 먼저 하실 일은 그가 지금 하고 있는 행동이 아이가 알고 있는, 자신의 욕구를 충족시키는 최선의 방법이라는 점을 이해하고 있다는 걸 진심으로 전달하는 겁니다."

> 사람들이 우리가 단 하나의 목적을 향해 돌진한다고 생각하면 변화를 얻기가 어렵다.

점심 식사 후에 이 여성이 돌아왔는데 얼굴에 말 그대로 광채가 나고 있었다.

"선생님, 오늘 아침에 제게 그걸 가르쳐주신 데 대해 제가 얼마나 감사드리는지 모릅니다. 점심시간에 제 아들과 정말 놀라운 대화를 나누었답니다. 제가 아이에게 전화를 했지요."

"그러세요? 그래서 어떻게 됐습니까?"

"집에 전화하니까 열세 살짜리 둘째가 받았어요. 그래서 '빨리 형 바꿔라. 형한테 할 이야기가 있어'라고 했죠. 그러니까 아이가 '어, 어, 형 지금 뒷마당에 있는데요'라고 하더군요. 애가 담배를 피우고 있다는 얘기죠. 2년간 싸운 끝에 적어도 집 안에서는 담배를 피우지 않기로 합의를 했거든요. 그래서 '괜찮아. 형한테 가서 엄마가 할 말이 있다고 해'라고 했어요."

큰아이가 전화를 받더니 이렇게 말했다.

"뭣 때문에 그러시는데요?"

"오늘 내가 너 담배 피우는 것에 대해 배운 게 있어서 너한테 말해주고 싶어서 그래."

"그게 뭔데요?"

"그게 네가 할 수 있는 가장 경이로운 일이라는 걸 배웠다."

나는 그 여성에게 말했다.

"그건 제가 말씀드린 것과 약간 차이가 있는 것 같은데요. 제가 말씀드린 건 공감적인 연결, 그러니까 내가 이해하고 있다는 것을 보여줌으로써 소통하라는 거였습니다."

"그럼요. 저도 그건 이해했어요. 무슨 말씀인지 알아요. 하지만 제가 우리 아들을 잘 알거든요. 저는 정말 담배 피우는 일이 그 아이가 할 수 있는 가장 경이로운 일이라고 생각한다는 말 한마디로 그 메시지가 아이한테 훨씬 빨리 전달된 것을 느꼈어요."

"그래서 어떤 일이 있었나요?"

"선생님, 정말 놀라운 일이 일어났어요. 특히 저희가 그 문제로 얼마나 싸웠는지 아신다면요. 아이가 한참동안 말이 없더군요. 그러더니 이렇게 말했어요. '글쎄요, 정말 그런지 잘 모르겠어요.'"

바꾸고야 말겠다는 우리의 일념에 대해 자신을 방어할 필요가 없어지면, 자신의 행동을 이해받고 있다고 느끼면, 사람들은 다른 가능성에 훨씬 쉽게 마음을 연다.

> 사람들이 이해받는다고 느끼면 다른 가능성에 마음을 열기가 더 쉬워진다.

나는 교도소에서 워크숍을 할 때도 같은 원칙을 적용한다. 어떤 사람이 내가 좋아하지 않는 어떤 일을 하고 있다면 나는 그들이 그러한 행동을 함으로써 충족하고자 하는 욕구들과 먼저 공감적으로 연결하기 위해 노력한다. 그렇게 그것이 이해된 다음에는, 더 효과적이면서 더 적은 대가를 치르는 방식으로 그러한 욕구를 충족할 수 있는 다른 방법들을 찾아보도록 제안한다.

나는 워싱턴 주에 있는 한 교도소에서 초청을 받아 아동성폭력으로 세 번째 감옥에 들어온 한 젊은 친구를 만난 적이 있었다. 나는 먼저 그가 아이들에게 그러한 행동을 할 때 그의 내면에서 생동하고 있던 것과 공감적으로 연결하고자 했다. 그래서 나는 그가 그러한 행동을 할 때 그 안에서 어떤 일이 일어나고 있었는지를 더 잘 이해하고 싶

다고 말했다. 그리고 그 행동을 함으로써 어떤 욕구를 충족하고자 했
는지를 물었다. 그 질문에 그는 매우 놀란 표정이었다.

"무슨 소리를 하는 거요?"

"분명히 그 행동을 한 데는 선한 이유가 있을 겁니다. 지금 같은 범죄
로 세 번째 수감된 거니까요. 성범죄자로 수감 생활을 하는 게 즐거운
일은 아닐 것 같은데요."

"맞아요. xx 같은 일이죠."

"그러니까 그렇게 큰 대가를 치러야 하는 행동이라면 분명히 당신의
어떤 욕구를 충족하는 것일 겁니다. 그 욕구들을 찾아봅시다. 그 욕구
들이 무엇인지를 알고 나면 더 효과적이면서도 적은 대가를 치르고서
그 욕구들을 충족할 수 있는 방법들을 찾을 수 있을 테니까요. 그러니
까 당신의 욕구가 무엇입니까?"

"지금 내가 한 짓이 옳았다는 거요?"

"아닙니다. 그게 옳았다는 말이 아니구요. 당신 역시 다른 사람들이
어떤 일을 하는 것과 똑같은 이유로 그 행동을 했다는 말입니다. 바로
자신의 욕구를 충족하는 것이죠. 그 행동을 함으로써 어떤 욕구를 충
족하고 있습니까?"

"난 쓰레기 같은 놈이니까 그런 짓을 하는 거요."

"아니요. 지금 당신은 당신이 어떤 사람인가에 대해 생각하고 있습니
다. 얼마나 오랫동안 자신이 쓰레기 같다고 생각하고 있었나요?"

"평생 그랬죠."

"그 생각은 당신이 같은 행동을 하지 않도록 막았습니까?"

"아니요."

"그럼 그렇게 자신을 평가하는 일은 당신이나 당신 주변 사람들의 욕구를 충족시킬 것 같지 않군요. 하지만 그 행동을 함으로써 당신의 어떤 욕구가 충족되는지를 먼저 이해한다면 모두의 욕구를 충족할 방법을 찾을 수 있을 겁니다."

> 우리는 우리의 욕구가 무엇인지를 생각해보도록 교육받지 않았다.

그는 한 번도 자신의 욕구가 무엇인가에 대해 생각해보도록 교육받은 적이 없으니 내 도움이 필요한 것은 자명했다. 그는 스스로를 쓰레기라고 생각하도록 만든 감옥과 학교와 가족 안에서 살아왔다. 그는 자신의 욕구가 무엇인지가 아니라 자신이 어떤 사람인가에 대해 생각하도록 교육받았다. 우리는 여러 가지 욕구들을 찾았다. 그중 몇 가지만 예로 제시하겠다.

먼저 그는 피해 아동들을 자신의 아파트로 데려가서 아주 친절하게 대해주었다. 텔레비전을 보여주고 아이가 좋아하는 음식을 주었다. 나는 이렇게 물었다.

"당신이 그렇게 할 때 어떤 욕구가 충족됩니까?"

이 남자는 언제나 아주 외로웠다. 공동체, 연결, 우정에 대한 그의 욕구는 한 번도 충족된 적이 없었다. 그래서 그러한 욕구를 충족하기 위해 그가 찾아낸 최선의 방법은 아이들을 데려와 잘 대해주는 것이었다. 물론 그는 아이들을 성적으로 학대하지 않고 다른 방법으로 그 욕구들을 충족할 수도 있었다.

그다음 우리는 성학대 문제로 관심을 돌렸다.

"그 행위에 의해 어떤 욕구가 충족되었나요?"

그 욕구를 찾기까지 시간이 좀 걸렸다. 그에게는 자신의 내면을 들여다보는 일이 쉽지 않았기 때문이다. 결국 그는 그 행동의 이면에 공감과 이해에 대한 욕구가 있었음을 깨달았다.

아이들의 눈에 비친 두려움을 보면서, 그는 어린 시절에 아버지가 그에게 같은 행동을 했을 때 그가 느꼈던 감정을 피해 아동들이 이해한다고 느꼈다. 그는 그렇게 이해와 공감을 받는 것이 자신의 욕구임을 깨닫지 못하고 있었다. 그는 그 욕구를 충족할 수 있는 다른 방법들을 알지 못했다. 욕구를 명확히 하고 나니 아이들을 공포에 몰아넣지 않고도 그 욕구를 충족할 수 있는 다른 여러 방법들이 있다는 사실이 자명해졌다.

이것이 바로 우리가 좋아하지 않는 방식으로 행동하는 사람들에게 비폭력대화를 사용하는 방법이다. 나는 먼저 그들이 그 행동을 함으로써 충족하고자 한 욕구들과 공감으로 연결한다. 그런 다음, 그들의 행동으로 인해 나의 어떤 욕구가 충족되지 않는지—그들의 행동으로 인해 내가 느끼는 공포감이나 불편한 마음—에 대해 이야기한다. 그러고 나서 보다 효율적이면서도 적은 대가를 치르고도 우리 모두의 욕구를 충족할 수 있는 다른 방법들을 모색한다.

> 비폭력대화는 회복적 정의의 원칙과 조화를 이룬다.

이 예는 비폭력대화를 실천하는 사람들이 회복적 정의의 원칙에 상당 부분 동의하는 이유를 잘 보여주고 있다. 우리가 정말 평화와 조화로움을 얻고자 한다면 단순히 악당들을 처벌하기만 할 것이 아니라 평화를 회복할 방법을 찾아야 한다. 비폭력대화 교육은 상당 부분 이러한 원칙들과 일치한다. 다른 사람과의 관계에서 참혹한 경험을 한 사람과 함께 작업할 때는 종종 그것이 회복적 정의의 형태를 띤다.

한 예로, 어떤 사람이 강간을 했을 수 있다. 그러면 단순히 그 사람을 처벌하는 대신 양측의 합의 하에 회복적 정의를 시도해보기로 한다. 그 사람은 감옥에 수감되어 있는 경우가 많으며, 회복적 정의에 참여할지 여부를 선택한다.

작업은 어떻게 진행되는가? 나는 먼저 피해를 입은 사람이 자신이 겪은 고통을 표현하도록 도와준다. 그것은 아주 깊은 고통이다. 너무도 깊은 고통. 피해자는 비폭력대화라는 것을 모르기 때문에 그것을 완곡하게 표현하는 법을 알지 못한다. 강간을 당한 피해자라면 그 사람에게 소리를 지르며 아주 강한 표현들을 사용할 수 있다.

"난 니가 죽어버렸으면 좋겠어. 넌 고문을 당해 마땅해. 이 돼지만도 못한 놈아."

그런 다음, 나는 행위를 한 사람이 상대방의 고통과 공감적으로 연결되도록 돕는다. 단순히 상대가 겪은 고통의 깊이를 듣도록 하는 것이다. 물론 그 사람은 그것에 익숙하지 않다. 그래서 그 사람이 제일 먼저 시도하는 것이 사과이다.

> 상대방의
> 고통과 공감적으로
> 연결하라.

"미안합니다. 정말⋯⋯."

그러면 내가 끼어들어서 말한다.

"아니요, 잠깐만요. 제가 좀 전에 말씀드린 걸 기억하세요. 먼저 공감을 하셔야 합니다. 이분이 겪은 고통의 깊이를 완전히 이해한다는 걸 보여주세요. 이분의 느낌과 욕구를 그대로 반복해주실 수 있겠습니까?"

그래도 못 한다. 그러면 내가 말한다.

"제가 해보겠습니다."

그런 다음, 나는 피해자 여성이 말한 모든 것을 그녀의 느낌과 욕구로 바꾼다. 그리고 나서 상대방이 그것을 듣도록 도와준다. 그 여성은 그 행위를 한 사람으로부터 이해받는 경험을 한다. 그런 다음, 나는 그가 자신의 행위에 대해 애도하도록 도와준다. 사과가 아니다. 사과는 너무 쉽다. 나는 그가 자신의 내면 깊숙이 들어가 상대방의 고통을 보면서 자신이 느끼는 감정들을 바라보도록 돕는다. 그러려면 자신의 내면 깊숙이 들어가야 한다. 그것은 매우 고통스럽지만, 치유가 되는 고통이다. 그래서 나는 그가 그것을 하도록 돕는다.

피해자인 여성은 그 사람이 사과가 아니라 진지하게 애도하는 모습을 보고 있다. 그런 다음, 나는 묻는다.

"당신이 이 여성에게 그러한 행동을 했을 때 당신의 내면에서는 어떤 것이 진행되고 있었습니까?"

나는 그가 이것을 느낌과 욕구의 언어로 설명하도록 돕고, 피해자가 그것을 공감하도록 돕는다. 그 즈음 되면 처음 방에 들어왔을 때와는 전혀 다른 두 사람이 자리에 앉아 있게 된다.

> **연습** 내가 좋아하지 않는 어떤 일을 한 사람과 관련하여, 그 사람이 여러분에게 상처를 주지 않고 자신의 욕구를 충족할 수 있을 만한 방법을 생각해보자. 지금까지 배운 것을 이용해서, 상대방에게 그러한 방법을 어떻게 표현할 것인지를 적어보자.

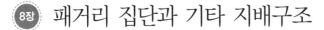

8장 패거리 집단과 기타 지배구조

우리는 어떻게 해서 이렇게 되었나

> "세상이 언제 더 나아지나 하면, 사람들이 끔찍하게 돌아가는
> 이 세상을 더 이상 참을 수 없어서 스스로 변하기로 결심한 때이다."
> ─시드니 매드웨드

 우리는 비폭력대화가 어떻게 우리 내면을 변화시키는 데 도움이 되는지를 살펴보았다. 그리고 그렇게 하려면 욕구를 인식할 필요가 있다는 점을 이해했다. 나는 더럽다, 나는 술주정뱅이다, 나는 중독자다와 같은 모든 비난과 판단은 배움을 가로막으며, 더 적은 대가를 치르면서 좀 더 효과적으로 살아가는 법을 배우는 일을 어렵게 만든다. 이제 이러한 인식이 개인을 넘어서 더 광범위한 구조에서 어떻게 적용될 수 있는지를 살펴보자.

 먼저, 약간의 역사적인 설명이 필요하다. 역사신학자인 월터 윙크와 같은 사람들에 따르면, 약 8천~1만 년 전에 여러 가지 이유로 좋은 삶이란 선한 사람들이 악한 사람들을 처벌하고 정복하는 것이라는 신화가 발달했다고 한다. 이런 신화는 스스로를 왕이나 군주라고 일컫는 권위주의 체제 밑에서 사람들이 살도록 만든다. 내가 '지배사회'라고 부르는—스스로 우월하다고 생각하는 사람들이 다른 사람들을 지배하는—이러한 사회들은 순종적이고 스스로를 죽은 영혼으로 만들어내는 사고방식을 갖도록 하는 데 탁월한 힘을 가지고 있다. 그래서 시키는 대로 순종하는 사람들을 만들어낸다.

> 지배사회는 순종적이고 죽은 영혼의 국민을 만들어내는 사고방식을 갖도록 하는 데 탁월한 힘을 발휘한다.

여자들은 좋은 여자가 되려면 자기 욕구가 없어야 한다고 배운다. 그래서 가족을 위해 자신의 욕구를 희생한다. 용감한 남자는 욕구가 없다. 그들은 왕의 재산을 지키기 위해 기꺼이 자신의 목숨을 내놓는다.

동시에 우리는 보상과 처벌을 정당화하는 방식으로 서로를 판단하는 사고 체계를 발달시켰다. 그리고 보상과 처벌 중심의 생각을 강화시키는 응보적 정의를 바탕으로 한 사법 체계를 만들었다. 나는 이러한 사고방식과 행동이 지구상에서 발생하는 폭력의 핵심이라고 생각한다.

독재 체제를 지속시키고 싶다면 사람들로 하여금 어떤 것은 옳고, 어떤 것은 틀리고, 좋고, 나쁘고, 이기적이고, 이타적이라고 믿게끔 교육하면 된다. 그러한 기준을 누가 정하겠는가? 당연히 위계 구조의 꼭대기에 있는 사람이다. 그래서 우리의 마음은 권위의 피라미드에서 우리보다 높은 자리에 있는 사람이 우리를 어떻게 평가할 것인가를 걱정하도록 프로그램된다.

이러한 사고방식을 배양하기란 어렵지 않다. 사람들을 자신과 다른 사람 안에서 생동하는 것으로부터 단절시키기만 하면 된다. 다른 사람들이 자신을 어떻게 평가할 것인가에 대해 걱정하도록 만드는 것이다. 그러한 권위 구조 아래에서 우리는 자신과 다른 사람으로부터 스스로를 단절시키는 언어를 배우며 그로 인해 연민이 매우 어려워진다.

우리는 여전히 지배사회에 살고 있다. 왕이 소수의 특권계층으로 바뀐 것뿐이다. 한 사람이 우리를 지배하는 것이 아니라 패거리 집단이 있다. 사회변화 운동에서 우리는 대체로 개인의 행동보다는 집단의 행동을 표적으로 삼는데, 내 관점에서 보자면 패거리들은 우리가 좋아하지 않는 방식으로 행동하는 집단들이다. 어떤 패거리들은 스스로를 '조폭'이라고 부르는데, 사실 내가 가장 두려워하는 집단은 이들이 아니다.

다른 패거리들은 스스로를 다국적 기업이라고 부른다. 또 어떤 패거리들은 스스로를 정부라고 부른다. 이 두 패거리들은 내가 지향하는 가치들과 충돌하는 행위를 하는 경우가 종종 있다. 이 패거리들은 학교를 통제하고, 교사가 학생들

> 패거리들은 우리가 좋아하지 않는 방식으로 행동하는 집단들이다.

에게 옳은 것과 그른 것, 선과 악을 가르치도록 한다. 그들은 학교를 통해 학생들이 보상을 받기 위해 노력하도록 훈련시킴으로써, 이후 성인이 되었을 때 하루 8시간씩 40년간 꼬박꼬박 무의미한 일에 종사할 수 있도록 만들려고 든다.

이것은 기본적으로 옛날과 같은 구조이다. 왕이 패거리로 바뀌었을 뿐이다. 이와 관련해 더 많은 자료를 읽고자 한다면 G. 윌리엄 돔호프(G. William Domhoff)의 『누가 미국을 지배하는가?』(Who Rules

America?)』를 추천한다. 이 저자는 정치학 교수인데 이 책을 쓰는 동안 직장을 두 번이나 잃었다. 패거리에 속한 돈 많은 사람들이 자기네 패거리에 대해 일반 대중에게 가르치려 애쓰는 교수에게는 돈을 대고 싶어 하지 않았기 때문이다.

하지만 나는 지배 체제 안에 있는 사람들이 처음부터 공공연하게 대중을 조종하려고 드는 악한들은 아니라고 생각한다. 다만, 그러한 구조를 발전시켰고, 그것을 신봉하고, 자신들은 어쩌다 보니 좀 더 높은 권위를 지닌 존재로 축복받았다고 믿으면서 지구상에서 그러한 높은 권위의 존재를 유지하기 위해서 그 일을 하고 있을 뿐이다.

오늘날 대부분의 세상이 그렇게 돌아가지만 전부 다 그런 것은 아니다. 루스 베네딕트와 마거릿 미드 등 여러 인류학자들은 이러한 사고체계에 노출되지 않은 세상이 있다는 것을 보여주었다. 그러한 곳에서는 폭력이 훨씬 적게 발생한다.

비폭력대화는 지배 체제 안에 있는 사람들에게 그들의 삶을 훨씬 더 풍요롭게 만들 수 있는—그렇다고 내가 확신하는—사고체계와 소통 방식을 제공한다. 우리는 그들에게 다른 사람들을 지배하고 전쟁을 하는 것보다 훨씬 더 재미있는 게

> 비폭력대화는 다른 사람들을 지배하는 것보다 훨씬 더 재미있는 게임을 제공한다.

임이 있음을 보여줄 수 있다. 정말로, 훨씬 더 즐거운 삶의 방식이 있다!

그럼 이러한 패거리들을 변화시키는 데 비폭력대화가 어떻게 도움이 될 수 있는지를 살펴보자. 먼저 우리가 교육받는 방식, 우리 내면의 생각에 패거리의 행동이 어떠한 영향을 끼치는지를 인식하는 것이 중요하다. 이것이 무슨 말인가? 나는 파괴적인 언어와 소통 방식에 대해 말

했다. 하지만 그 언어가 어디서 왔을까? 어떻게 해서 도덕적 판단과 처벌 및 보상의 전술이 이렇게 팽배하게 되었을까? 우리는 왜 그것들을 이용하고 있는가? 우리가 그러한 전술들을 배운 것은 이러한 전술들이 패거리 행동들을 지원하기 때문이다.

학교의 변화

> "빨리 방향을 바꾸지 않으면
> 우리가 지금 향하고 있는 파멸에 이르고 말 것이다."
> ―어윈 코리

한 예로 우리의 학교를 보자. 교육적 변화를 연구하는 교육역사가인 마이클 B. 카츠(Michael B. Katz)에 따르면, 우리의 교육은 약 20년의 개혁 주기를 갖고 있다. 20년에 한 번씩 사람들이 교육을 걱정하며, 학습 수준을 높이고 학교폭력과 같은 문제들을 줄이기 위해 위험을 무릅쓰고 교육적인 변화를 시도한다는 것이다.

그렇게 변화를 시도하지만 5년이 지나면 그렇게 시작한 변화가 자취를 감춘다. 카츠는 『계급, 관료주의 그리고 학교(Class, Bureaucracy, and Schools)』라는 책에서 자신의 생각을 역설하는데, 문제는 개혁론자들이 학교의 문제점만을 지적하면서 그것을 바꾸는 데 초점을 두고 긍정적인 면은 보지 않는다는 것이다.

하지만 미국의 학교들은 그 설립 목적에 충실한 일을 하고 있을 뿐이다. 바로 패거리 행동을 지원하는 일이다. 어떤 패거리인가? 이 경우에는 경제구조 패거리, 바로 기업들을 조종하는 사람들이다. 이들은 우리의 학교를 조종하는데, 역사적으로 세 가지 목표를 갖고 있다.

첫째, 사람들이 권위에 복종하도록 함으로써 나중에 기업에 고용되었을 때 시키는 대로 일하도록 만든다.

둘째, 사람들이 외부의 보상을 위해 일하도록 만든다. 패거리들은 사람들이 자신의 삶을 풍요롭게 하는 방법이 아니라 성적을 잘 받고 미래에 좀 더 돈을 잘 버는 직업으로 보상받는 법을 배우기를 바란다. 여러분이 실제로는 삶을 풍요롭게 하지 않는 어떤 제품이나 서비스를 내놓기 위해 사람들을 고용하고자 하는 패거리라고 생각해보자. 그러면 "우리가 만들어내는 이 제품이 정말 삶을 풍요롭게 하는가?"라는 질문을 하는 일꾼은 원치 않을 것이다. 그저 시키는 대로 하고 월급만 바라보며 일할 사람들을 원할 것이다.

카츠는 학교의 세 번째 기능이 계급제도를 유지하면서 그것이 민주주의처럼 보이게 만드는 것이라고 했다. 이 세 번째 기능으로 인해 지속적인 변화가 매우 어렵다.

문제는 개인이 아니라 구조이다. 학교 안의 교사들과 행정가들은 적이 아니다. 그들은 진심으로 아이들의 안녕에 기여하기를 원한다. 여기에는 적이 없다. 적은 우리의 경제를 유지하기 위해 우리가 만들어온 패거리 구조이다. 그러니 우리가 사람들의 안녕에 기여하는 방식으로 학교를 변화시키고자 한다면 무엇을 해야겠는가? 우리는 학교를 변화시킬 뿐 아니라 학교가 속해 있는 거대 구조를 바꿔야 한다.

한 가지 좋은 소식이 있다면 그게 가능하다는 사실이다. 우리는 지금 여러 나라에서 학교를 급진적으로 변화시키기 위해 노력하고 있다. 우리는 비폭력대화의 원칙과 조화를 이루며 운영되는 학교와 교사, 학생들을 지원하고 있다. 세르비아, 이탈리아, 이스라엘, 코스타리카, 그리고 여러 다른 지역에서 수많은 교사들이 그러한 학교를 만들기 위해 애쓰고 있다. 이러한 활동들이 추구하는 비전은 물론이고 그와 같은 급진적인 변화가 다음 세대 아이들의 의식으로 전해지는 것이다.

> 문제는 개인이 아니라 구조이다. 교사와 행정가들은 적이 아니다.

성인들과 마찬가지로 어린아이들에게도 비폭력대화를 가르칠 수 있다. 아이들 간에 갈등이 생길 때 비폭력대화를 이용해 중재를 할 수 있도록 하는 것이다. 나는 최근에 이스라엘에 있는 한 유치원을 방문했는데, 그곳에서는 아이들이 보통 4~6세에 유치원을 다니기 시작했다. 그때 여자아이 두 명이 사소한 일로 다투고 있었다. 나는 히브리어를 알아듣지는 못했지만 둘이 다투는 것은 알 수 있었다. 여자아이들은 남자아이 한 명에게 뭐라고 말을 했다. 통역사를 불러서 물어보았더니 여자아이들이 남자아이에게 중재를 부탁했다고 했다. 나는 깜짝 놀라서 물었다. "뭐라구요?"

유치원생인 이 세 아이는 교실 안의 중재 센터로 갔다. 중재자 아이가 한 여자아이에게 무엇을 관찰했는지를 물었다. 그리고 "어떤 느낌이었어?"라고 하자, 여자아이가 자신의 느낌을 말했다.

중재자 아이는 계속해서 "네가 원하는 것은 뭐였어?"라고 물은 다음 "부탁하는 것이 무엇이야?"라고 물었다.

중재자 아이는 정말로 그 아이를 성의껏 도와주었다. 중재자 아이는 비폭력대화의 기본적인 질문들을 했다. 이 아이들은 모두 비폭력대화를 배웠기 때문에 여자아이도 질문에 대답하는 데 어려움이 없었다. 그런 다음, 중재자 아이는 다른 여자아이에게 앞의 여자아이가 한 말들을 반복해줄 것을 부탁했다.

"내 눈으로 보지 않았다면 믿지 않았을 거예요."

첫 번째 여자아이가 이해를 받고 난 다음, 중재자 아이는 두 번째 아이가 자신을 표현하도록 도와주었다. 그렇게 해서 이 아이들은 짧은 시간 안에 갈등을 해결하고 함께 밖으로 뛰어나갔다. (그곳에서 나와 함께 있었던) 네덜란드에서 온 한 여성은 "내 눈으로 보지 않았다면 믿지 않았을 거예요"라고 했다.

우리는 아이들에게 중재도 가르친다. 아이들은 중재를 할 수 있다. 사실, 나이를 불문하고 누구나 비폭력대화를 배우면 중재를 아주 잘할 수 있다.

빈민가의 갱단과 함께하는 작업

한때 나는 세인트루이스에서 거주하면서 일한 적이 있었는데, 한번은 빈민가 한가운데에 있는 흑인 교회의 목사와 이야기를 나누고 있었다. 그 구역을 관할하는 조직폭력단의 두목이 자기 구역 내의 사람들에게 말을 걸고 다니는 이 백인에 대한 소문을 듣고 무슨 일인지 알아보려고 교회로 왔다. 그는 내가 목사를 만나고 있던 목사실에 아무 말 없이 성큼성큼 걸어 들어왔다. 그러고는 자리에 앉아서 인종 문제 해결에 도움을 주고자 비폭력대화의 방식에 대해 설명하고 있던 나를 뚫어지게 쳐다보았다. 잠시 후에 그가 말했다.

"우린 이야기하는 법을 가르쳐줄 위대한 백인 어르신 따윈 필요 없소. 우리도 의사소통하는 법은 알고 있으니까. 당신은 우리를 돕고 싶은 거지? 우리한테 돈을 주시오. 그래서 우리가 총을 사서 당신 같은 어리석은 인간들을 없애버리도록 말이야."

나는 전에도 그런 말을 들은 적이 있었는데, 그날은 컨디션이 별로 좋지 않았다. 그래서 잠시 비폭력대화를 잊어버리고 그와 함께 언성을 높이며 논쟁을 벌였다. 그건 제대로 되지 않았고, 나는 곧 내가 무엇을 하고 있는지를 알아차렸다. 그래서 즉시 멈추고 다시 생동하는 에너지로 돌아와 비폭력대화를 적용하기 시작했다. 나는 단순히 '그'라는 한 인간이 무엇을 느끼고 그의 욕구가 무엇인지를 듣고자 노력했다.

> 나는 즉시 멈추고 다시 생동하는 에너지로 돌아와 비폭력대화를 적용하기 시작했다.

나는 방향을 바꿔서 이렇게 말했다.

"이곳 사람들이 소통하는 방식에 대해 존중해주기를 원하시는군요. 그리고 전에 도움을 주겠다고 온 사람들이 이곳 사람들을 어떻게 핍박했는지 제가 이해하기를 바라시는 것 같습니다."

그와 대결하는 대신 나는 단순히 그의 느낌과 욕구를 이해하고자 노력했다. 이것이 상황을 바꿔놓았다. 그는 조용히 자리에 앉아서 나머지 회의하는 모습을 지켜보았다. 회의가 끝나자 밖이 어둑해졌다. 나는 내 차로 걸어가기 시작했다. 이 동네에서는 백인이라는 사실만으로도 목숨이 위험해질 수 있었다. 그때 누군가 나를 불렀다. "로젠버그 씨!" 나는 '이거 큰일났구나!' 생각했다. 그가 "나 좀 태워주시오"라고 말하고는 자신의 목적지를 말했다.

그는 내 차에 타더니 다짜고짜 내가 그와 언쟁하는 대신 그를 이해하는 쪽으로 전환했던 것에 대한 이야기를 꺼냈다. 그가 말했다.

"그때 나한테 뭘 했던 거요?"

"그게 바로 내가 오늘 오후에 설명한 프로세스예요."

그런 다음 그는 이후 13년간 우리 두 사람의 삶을 바꿔놓은 발언을 했다.

"그걸 줄루스(그가 두목으로 있는 조직폭력단의 이름)에게 가르치는 법을 나한테 가르쳐줄 수 있겠소? 총으로는 당신네 백인들을 우리가 이길 수가 없소. 우린 그런 걸 배워야 할 거요."

"그럼 나와 거래를 합시다. 내가 당신에게 이걸 줄루스에게 가르치는 법을 가르쳐줄 테니, 당신은 목요일에 나랑 같이 워싱턴에 갑시다. 내가 그곳에 있는 학교에서 초대를 받았는데, 거기에서 왜 흑인들이 학교에 불을 지르는지 설명해주시오."

그가 웃으면서 말했다.

"이거 보쇼. 난 학교를 다닌 적이 없소이다."

"당신이 방금 한 것처럼 이걸 배운다면 당신은 교육 제대로 받은 겁니다. 학교교육은 많이 안 받았을지 몰라도 당신은 훌륭한 교육을 받은 거요."

그는 나와 함께 워싱턴에 가서 교사들과 학교 행정가들이 왜 아이들이 학교에 불을 지르는지를 이해하도록 도와주는 놀라운 일을 했다. 그 후 13년간 우리는 남부 전역을 돌아다니며 학내 인종차별이 폐지되도록 다양한 일들을 했다. 연방정부는 우리에게 심각한 흑백 갈등을 겪고 있는 지역에 가서 갈등 해결을 도와달라고 부탁했다. 이후 그는 세인트루이스 시의 공공주택 담당관이 되었다. 그의 조직에 있던 또 한 사람은 몇 년 후에 세인트루이스의 시장이 되었다.

다른 사회기관들을 변화시키는 일

> "행동이 없는 비전은 꿈에 불과하다. 비전이 없는 행동은 허송세월이다. 행동이 함께하는 비전은 세상을 바꿀 수 있다."
> —조엘 바커

또 다른 패거리들은 어떤가? 학교 외에 또 변화가 필요한 곳이 사법 체계와 그 사법 체계를 운영하는 정부 집단이다. 연구를 통해 우리는 두 사람이 같은 범죄로 기소되어 한 사람은 감옥에 가고 한 사람은 가지 않았다면, 감옥에 간 사람이 감옥에 가지 않은 사람보다 출소 후에 폭력적으로 행동할 가능성이 크다는 것을 알고 있다.

사형선고를 받은 사람은 저소득층이나 유색 인종에 속할 가능성이 훨씬 크다는 사실도 알고 있다. 우리는 이것이 끔찍한 일이지만 실제로 발생한다는 것을 알고 있으며, 바뀌어야 할 것은 그 구조, 집단이라는 사실을 알고 있다. 그 구조 안에 있는 개인들은 악한이 아니다. 하지만 집단의 구성원으로서 그들도 바뀔 필요가 있다. 지금쯤이면 우리 사법 체계 하의 처벌 구조가 실패했다는 사실을 모두가 인식하게 되었기를 바란다. 응보적 정의에서 회복적 정의로 전환할 필요가 있다.

> 응보적 정의에서
> 회복적 정의로
> 전환할 필요가 있다.

사회변화를 위해 일할 에너지와 기술은 어디서 찾는가? 우리가 내부적으로 이러한 집단에 의해 크게 영향을 받았을 때 우리가 할 수 있는 일은 먼저 우리 자신과 가족들을 챙기는 것이다. 자기 내면의 세계를 바꾸고 우리 주변의 사람들과 인간적으로 연결하기 위해 노력한 후, 이처럼 거대한 집단을 바꿀 수 있는 에너지를 어디서 얻는가?

연습 내가 좋아하지 않는 어떤 구조를 바꾸고자 시도할 가능성을 높이기 위해서 내가 할 수 있는 일 하나를 생각해보자. 종이에 적어서 그 일을 실천하도록 상기시켜줄 수 있는 장소에 붙여놓자.

⑨장 적 이미지의 전환과 연결

우리는 여러분이 비폭력대화가 어떻게 우리의 내면세계를 바꿀 수 있는가를 인식할 뿐 아니라, 우리가 살고자 하는 바깥세상을 바꾸는 데 어떻게 사용될 수 있는지도 보기를 바란다. 우리는 우리에게 힘이 있고 에너지가 있다는 사실, 아니면 적어도 그 에너지와 힘을 얻을 수 있다는 사실을 보여줄 수 있다. 그것을 어떻게 하는가?

먼저 우리 자신을 적 이미지, 즉 어떤 집단에 속해 있는 사람들에게 뭔가 문제가 있다는 생각으로부터 해방시킬 필요가 있다. 하지만 이것이 쉽지는 않다. 그런 집단에 속해 있는 사람들이 우리와 같은 인간이라는 사실을 믿기가 어렵다. 집단을 대상으로 이 작업을 하는 것은 개인을 상대로 하는 것만큼이나 어렵다.

> 우리 자신을 적 이미지로부터 해방시킬 필요가 있다.

한 가지 예를 들어보자. 나는 노스다코타의 파고에 있는 여러 학교에서 워크숍을 진행했다. 그런데 우리가 이 지역의 학교들을 방문하도록 주선해준 여자 분이 내게 개인적인 부탁을 했다.

"선생님, 저희 집안은 아버지의 은퇴를 앞두고 가족 간에 큰 갈등을 겪고 있습니다. 아버지는 일을 그만두고 싶어 하시는데, 저의 두 남자 형제가 가족 농장을 어떻게 나눌 것인지를 두고 크게 다툼을 벌이고 있거든요. 이 문제를 풀려고 법정 소송까지 벌였습니다. 정말 괴롭습니다. 제가 선생님의 점심시간을 두 시간 반 정도로 길게 잡을 수 있는데, 혹시 중재를 좀 해주실 수 있을까요?"

"그 갈등이 수개월간 지속되었다는 말씀이시죠?"

"사실 몇 년째 계속되고 있습니다. 점심시간밖에 짬이 안 나시는 줄 알지만, 그래도 뭐든 좀 도와주시면 정말 감사하겠습니다."

그래서 나는 그날 아버지와 두 아들이 앉아 있는 곳으로 찾아갔다. 아버지는 농장 한가운데 살고, 아들들은 양쪽 끝에 살고 있었다. 두 아들은 무려 8년 동안이나 서로 말을 하지 않았다! 나는 아들들에게 통상 하는 질문을 했다.

"당신의 욕구가 무엇인지 말씀해주시겠습니까?"

동생이 형에게 갑자기 소리를 질렀다.

"형은 나한테 한 번도 공정한 적이 없었어. 형하고 아버지는 언제나 자기 둘만 챙겼지. 나한텐 한 번도 신경을 써준 적이 없잖아."

그러자 형이 말했다.

"네가 제대로 일한 적이 없으니까 그렇지."

그렇게 약 2분 정도 두 사람은 서로에게 소리를 질렀다. 갈등의 배경에 대해서는 더 이상 들을 필요가 없었다. 그처럼 짧은 시간에 나는 이해받지 못한 두 사람의 욕구가 무엇

> 그처럼 짧은 시간에 나는 두 사람의 욕구가 무엇인지 바로 추측할 수 있었다.

인지 바로 추측할 수 있었다. 시간이 별로 없었기 때문에 나는 형에게 말했다.

"죄송합니다만, 제가 잠깐 형의 역할을 해도 될까요?"

그는 의아해하는 표정이었지만 바로 동의했다.

"그렇게 하시죠."

그래서 나는 형이 비폭력대화의 기술을 알고 있는 것처럼 그의 역할을 했다. 나는 동생이 판단으로 표현한 말의 이면에 숨은, 충족되지 않은 그의 욕구들이 무엇인지 들을 수 있었다. 그리고 형의 욕구는 더 이상 듣지 않아도 충분히 다른 방식으로 표현할 수 있었다. 그리고 두 사람이 서로의 욕구를 듣도록 돕는 과정에서 상당한 진전을 이루었다. 하지만 두 시간 반이 지났고 나는 워크숍으로 돌아가야 했다.

다음 날 아침, 그 자리에 계속 앉아서 지켜보았던 아버지가 내가 워크숍을 진행하고 있는 교실로 찾아왔다. 그는 눈물을 글썽이며 말했다.

"어제 그렇게 해주신 것에 대해 뭐라고 감사의 말씀을 드려야 할지 모르겠습니다. 어제 저녁에 8년 만에 처음으로 셋이서 저녁을 먹으러 갔습니다. 그리고 그간의 갈등을 모두 풀었습니다."

바로 이것이다. 일단 양측이 적 이미지를 넘어서 서로의 욕구를 인식하고 나면 다음 단계, 즉 모두의 욕구를 충족하는 방법을 찾는 일이 상대적으로 훨씬 쉬워진다. 적 이미지를 넘어서는 것이 어려울 뿐이다. 다른 사람이 희생하는 상황에서는 자신도 이득을 얻을 수 없다는 사실을 사람들이 보게 하는 것이다. 그것이 명료해지면, 가족 간의 갈등처럼 복잡한 문제도 해결하기가 그

> 적이미지를 넘어서는 것이
> 어려울 뿐이다.

다지 어렵지 않다. 서로가 인간으로서 연결되어 있기 때문이다.

　집단에 대해서도 마찬가지다. 내가 중재를 부탁받은 여러 갈등 상황에서 발견한 공통적인 요소는 사람들이 자신의 욕구와 부탁을 명확히 말하는 법은 모르는 반면, 상대방의 문제점을 지적하는 데는 아주 능숙하다는 점이다. 그것이 두 사람이건, 두 집단이건, 두 국가이건 간에 상관없이 이들은 적 이미지를 가지고 이야기를 시작한다. 상대방의 잘못이 무엇인가부터 말하는 것이다. 그러면 이혼 법정—그리고 폭탄—이 남의 일이 아니게 된다.

전쟁 중인 두 부족 간의 중재

> "꼭 변화할 필요가 있겠는가. 꼭 생존할 필요가 있겠는가."
> -W. 에드워드 데밍

　한번은 나이지리아 북부에 있는 두 부족 간의 중재를 부탁받은 적이 있었다. 기독교계 부족과 이슬람계 부족 간의 갈등이었다. 이 두 부족은 시장에서 누가 어디에 물건을 진열하느냐를 두고 유혈사태가 끊이지 않았다. 내가 도착한 해에 400명의 마을 주민 중 100명이 죽었다.

나이지리아에 살고 있는 내 동료는 이러한 모든 폭력사태를 목격했고, 두 부족장의 만남을 성사시키기 위해 많은 노력을 기울였다. 결국 두 부족장은 서로 얼굴을 맞대고 이 갈등을 해결할 수 있는지 한번 보기로 약속했다. 그렇게 되기까지 6개월이 걸렸으나 내 동료는 결국 그 만남을 주선하는 데 성공했고, 그렇게 해서 내가 이 두 부족의 족장들을 만나게 되었다.

부족장들이 있는 방으로 가고 있는데 내 동료가 이렇게 말했다.

"긴장감이 상당해요. 이 모임에 참석하는 사람 중 세 명은 이 방에 있는 사람 중 한 명이 자기 자식을 죽였다는 걸 알고 있습니다."

처음에는 정말 긴장감이 흘렀다. 두 부족 간에 그처럼 참혹한 일들이 일어난 이래 양측이 처음으로 마주 앉은 상태였다. 테이블의 한쪽에 열두 명의 족장이 앉았고, 다른 쪽에도 열두 명의 족장이 앉았다. 나는 내가 일반적으로 중재를 진행하는 방식대로 시작했다.

"우리 모두의 욕구가 표현되고 이해된다면, 우리는 모두의 욕구를 충족할 수 있는 방법을 찾아낼 수 있을 것으로 확신합니다. 누가 먼저 시작하시겠습니까? 저는 여러분의 어떤 욕구가 충족되지 않고 있는지를 듣고 싶습니다."

안타깝게도 이들은 자신의 욕구를 표현하는 법을 몰랐다. 비판과 판단을 표현하는 법만 알았다. 그래서 내 질문에 대답하는 대신 기독교계 부족의 족장이 성난 소리로 이슬람계 부족에게 소리를 질렀다.

> 안타깝게도 사람들은 욕구를 표현하는 법을 모른다.

"당신들은 살인자야."

(아시겠는가. 나는 "상대방을 어떻게 생각하느냐?"고 묻지 않았다.)

그래서 내가 다시 물었다.

"당신의 어떤 욕구가 충족되지 않고 있습니까?"

곧바로 적 이미지가 튀어나왔다.

그러자 상대편 쪽에서 소리를 질렀다.

"당신네 부족은 우리를 지배하려고 했어."

이것도 판단이다. 양측이 이렇게 적 이미지를 갖고 있으니 시장에서의 자리를 두고 부족의 30퍼센트가 살해당한 이유를 알 만했다. 양측은 계속해서 상대방을 향해 소리를 질렀고 이런 상황을 수습하기가 쉽지 않았다. 하지만 비폭력대화에서는 모든 비판과 판단, 적 이미지가 충족되지 않은 욕구의 비극적인, 심지어는 자멸적인 표현이라는 것을 보여준다. 그래서 중재를 할 때 나는 그들의 적 이미지를 욕구의 언어로 바꿔줌으로써 나의 비폭력대화 기술을 그들에게 빌려준다. "당신들은 살인자야"라고 소리를 지른 사람의 경우에는 어렵지 않았다. 내가 말했다.

"족장님, 안전에 대한 욕구가 충족되지 않고 있습니까? 안전이 중요한 것 같습니다. 무슨 일이 벌어지든 간에 비폭력적인 방식으로 해결되기를 바라시는군요. 맞습니까?"

"내가 말하는 것이 바로 그것이오."

하지만 그는 그렇게 말하지 않았다. 그는 "당신들은 살인자야"라고 말했다. 하지만

> 적 이미지보다
> 욕구를 듣는 것이
> 진실에 더 가깝다.

적 이미지보다 욕구를 듣는 것이 진실에 더 가깝다. 비폭력대화의 기술을 통해 나는 판단 뒤에 숨은 욕구를 들을 수 있었다.

하지만 그것으로 충분하지 않았다. 나는 상대방이 그의 욕구를 듣도록 해야 했다. 그래서 다른 부족 대표로 나온 한 명에게 첫 번째 상대 부족 족장이 한 말을 그대로 반복할 용의가 있냐고 물었다. 나는 테이블 반대쪽의 이슬람계 족장들을 바라보며 이렇게 말했다.

"이쪽에서 누군가 이 족장님이 말씀하신 욕구를 그대로 다시 말씀해주시겠습니까?"

그중 한 사람이 소리를 질렀다.

"도대체 내 아들은 왜 죽인 거냐?"

그래서 내가 다시 말했다.

"족장님, 그 문제는 잠시 후에 다루겠습니다. 지금은 저쪽 족장님의 느낌과 욕구가 무엇인지를 말씀해주시겠습니까?"

그는 물론 그렇게 하지 못했다. 그는 상대방에 대한 평가를 내리는 데 너무 몰입해 있어서 상대편 족장의 느낌과 욕구를 들을 수 없었다. 그래서 내가 말했다.

"족장님, 제가 들은 저쪽 족장님의 느낌은 강한 분노인데, 어떤 갈등이 일어나더라도 그것이 폭력이 아닌 방식으로 해결되어서 모든 사람들이 안전하기를 바라시기 때문이라고 말씀하셨습니다. 우리가 소통하고 있다는 것을 제가 확신할 수 있도록, 그것을 들으신 대로 반복해서 말씀해주시겠습니까?"

그는 아직 그렇게 할 준비가 안 되어 있었다. 나는 그가 상대방의 욕구와 느낌을 들을 수 있을 때까지 적어도 두 번 더 그 말을 반복해야 했다. 그러고 나자 마침내 그가 내게 말을 할 수 있었다.

그런 다음 나는 다른 족장들이 자신들의 욕구를 표현하도록 도왔다.

나는 이렇게 말했다.

"이제 상대편의 욕구가 무엇인지를 들었으니, 이번에는 여러분의 욕구를 들어보고 싶습니다."

족장 중 한 명이 앞서 자신이 판단으로 한 말을 반복했다.

"저들은 오랫동안 우리를 지배하려고 했소. 우린 더 이상 그걸 참지 않을 것이오."

다시 한 번 나는 상대방에 대한 판단을 내가 추측한 욕구로 바꾸어 표현했다.

"이 지역에 있는 부족 간의 평등에 대한 강한 욕구가 있기 때문에 화가 나신 겁니까?"

"그렇소."

나는 다시 상대편 부족에게 이렇게 말했다.

"우리가 소통하고 있다는 걸 제가 확신할 수 있도록 이 말을 반복해 주시겠습니까?"

그들은 처음에는 그것을 하지 못했다. 그래서 최소한 두 번 더 반복하고 나서야 상대편 부족이 충족되지 않은 평등에 대한 욕구로 인해 분노를 갖고 있다는 사실을 볼 수 있었다.

양측이 자신들의 욕구를 분명하게 표현하고 상대방이 그것을 듣도록 하는 데 무려 한 시간 정도가 걸렸다. 계속해서 서로 간에 고함과 고성이 오갔기 때문이다. 그런 다음, 내가 양측이 서로의 욕구를 하나씩 듣도록 중재하고 있을 때 족장 한 명이 벌떡 일어서더니 이렇게 말했다.

"이걸 하루 만에 배우기는 어렵겠소. 그리고 이 방법으로 서로 이야기하는 법을 배운다면 우리가 서로를 죽일 필요가 없을 것 같소."

그렇다. 그는 불과 한 시간 만에 우리가 적 이미지 없이 욕구를 표현할 수 있다면 평화적으로 갈등을 해결할 수 있다는 사실을 이해했다. 내가 말했다.

> 적 이미지 없이 욕구를 표현할 수 있다면 평화적으로 갈등을 해결할 수 있다.

"족장님, 이렇게 빨리 그 점을 간파하시다니 정말 기쁩니다. 그렇지 않아도 이 시간 말미에 여러분께 비폭력대화를 가르쳐드려서 나중에 다른 갈등이 생겼을 때 이용할 수 있도록 하면 어떻겠냐고 제안할 예정이었습니다. 하지만 오늘 저는 이 갈등을 중재하기 위해서 왔습니다. 여러분을 가르치려고 온 것이 아닙니다. 하지만 족장님 말씀이 맞습니다. 하루 만에 배우기는 어렵습니다."

족장이 말했다.

"나도 그 교육을 받고 싶소."

방 안에 있던 다른 몇 명 역시 비폭력대화 교육을 받기를 원했다. 그들은 서로의 욕구와 분명하게 연결되는 법을 알면 무기를 써서 갈등을 해결할 필요가 없다는 사실을 알았다.

테러리즘에 대한 대처

> "평화적인 혁명을 불가능하게 만드는 사람들은
> 폭력적인 혁명을 불가피하게 만들 것이다."
>
> —존 F. 케네디

그러면 테러리즘과 관련해서는 비폭력대화를 어떻게 사용할 수 있느냐고 묻는 사람들이 많다. 먼저 우리는 테러범과 자유의 수호자라는 대결 이미지부터 없앨 필요가 있다. 우리가 상대편을 테러범이라고 생각하고 스스로를 자유의 수호자라고 생각하는 한, 우리는 그 문제의 한 축을 담당하는 것이다. 그런 다음, 그들이 우리를 그토록 경악시키고 가슴 아프게 한 행동을 했을 때 그들 안에서 생동하고 있던 것과 공감할 필요가 있다. 그리고 그 행동을 함으로써 그들이 어떠한 인간적인 욕구들을 충족시키고자 했는지 봐야 한다.

우리가 그것과 공감적으로 연결되지 못한다면, 우리가 취하는 모든 행동은 더 많은 폭력을 부르는 에너지에서 나올 가능성이 크다.

> 그들을 테러범이라고 생각하는 대신 그들과 공감할 필요가 있다.

우리가 '테러'라고 부르는 행위를 한 사람들의 경우, 나는 그들이 30여 년 이상 여러 가지 다른 방식으로 자신들의 고통을 표현해왔다고 생각한다. 그들이 자신들의 고통을 훨씬 온화한 방식으로 표현했을 때, 다시 말해 우리가 우리의 경제적, 군사적 욕구들을 충족시키기 위해 밀어붙인 방식 때문에 그들의 가장 신성한 욕구들이 충족되지 않았고 그로 인해 얼마나 큰 고통을 겪고 있는지를 우리에게 말하고자 했을 때 우리가 그것을 공감적으로 듣지 않았기 때문에 그들의 분노는 점점 커졌다. 그리고 결국 그런 참혹한 형태로 표현된 것이다.

그래서 첫 번째 할 일은 그들을 테러범이라고 생각하지 않고 그들과 공감하는 것이다. 이렇게 말하면 많은 사람들이 그러면 테러리즘이 옳다는 것이냐고 반문한다. 수천 명의 사람들을 죽여도 그냥 웃으면서 아무렇지 않은 듯이 행동해야 한다고 생각하는 것이다.

내 말은 그런 뜻이 아니다! 공감을 한 후에 우리는 우리의 고통이 무엇인지, 그들의 행동으로 인해 우리의 어떤 욕구들이 충족되지 않았는지를 분명하게 표현해야 한다. 그리고 우리가 그들과 그 정도의 깊이로 연결될 수 있다면 우리는 평화적으로 모두의 욕구를 충족하는 방법을 찾을 수 있다. 하지만 그들을 테러범으로 규정하고 그들의 행동을 응징하려고 한다면 앞으로 우리에게 어떤 일이 닥칠지는 자명하다. 폭력은 더 큰 폭력을 부른다.

그래서 우리가 '테러범 일당' 문제를 다루는 방법에 대해 교육할 때 가장 먼저 하는 일이 절망 작업(despair work)이다. 절망 작업은 반드시 필요한 작업으로, 우리 내면을 들여다보고 그 집단과 연관된 우리의 고통을 다루는 것이다. 그리고 다른 사람들에 대해 갖고 있는 모든 적 이미지들을 자신의 충족되지 않은 욕구들로 바꾸는 것이다.

그런 다음에는 변화의 수준이 무엇이건 간에—설령 정부나 다국적 기업 같은 거대한 집단을 상대할지라도—기본적으로는 역량과 숫자로 귀결된다. 변화는 그 집단 안에 있는 다수의 사람들이 관점을 급진적

으로 바꿀 때, 기존 행동을 지속하는 것보다 자신들의 인간적인 욕구
를 더 효율적으로 충족시킬 수 있는 방법
을 알 때 일어날 것이다. 다시 강조하자면,
우리는 기존 구조를 파괴하는 것이 아니라
그 구조 안에 있는 사람들과 연결하여 더
효과적으로 더 적은 대가를 치르면서 우리

> 변화는 사람들이
> 관점을 급진적으로 바꿀 때,
> 자신들의 욕구를 더
> 효율적으로 충족시킬 수 있는
> 방법을 알 때 일어날 것이다.

의 욕구를 충족시키는 (그리고 다른 사람들의 욕구도 충족시키는) 방
법을 찾음으로써 변화를 얻고자 한다.

우리는 일부 다국적 기업들과 그들의 사업 관행을 바꾸길 원한다. 하
지만 그들이 환경을 파괴하고 그들의 고용과 무역 관행으로 현지인들
을 억압한다는 이유로 스스로를 악당이라고 규정하기를 바라지는 않
는다. 우리는 이러한 '기업 집단'에 속한 사람들과 연결함으로써 그들
에게 다른 사람들을 희생시키고서는 자신의 욕구를 충족시킬 수 없다
는 사실을 보여주길 원한다. 그리고 자신들의 욕구를 명확히 인지함으
로써 모두의 희생을 줄이면서 그러한 욕구를 더 잘 충족하는 방향으
로 조직을 변화시킬 수 있는 다른 방법들을 볼 수 있도록 돕고자 한다.
개인과 가족, 규모와 복잡한 정도에 상관없이 모든 집단에 똑같은 원칙
이 적용된다.

이러한 소통은 시간이 많이 걸릴 뿐 아니라 어렵다. 우리가 그러한
연결을 맺고자 하는 사람들이 한두 명에 국한되지 않을 수도 있다. 어
떤 집단의 행동이 변화하려면 수백만 명의 사람들이 행동을 바꿔야 할
수도 있다. 예컨대, 그 집단이 정부라면 우리는 전체 인구의 상당수가
자신들의 욕구를 보다 효과적으로 충족할 수 있는 방법들을 보도록

만들어야 할 것이다.

때로는 그 집단이 고위직에서 집단을 조종하는 네다섯 명의 사람들일 수도 있다. 그리고 이들이 더 적은 대가를 치르면서 더 효과적으로 자신들의 욕구를 충족하는 다른 방법을 볼 수 있다면 우리가 원하는 사회변화가 상당히 빨리 일어날 수 있다. 어떤 상황이든지 집단에 변화를 가져오는 일은 한 사람이 변화할 때보다 훨씬 많은 것을 필요로 한다.

> 평화는 복수나
> 다른 쪽 뺨을 내미는 것보다
> 훨씬 어려운 작업을 요구한다.

평화는 단순히 복수하거나 다른 쪽 뺨을 내미는 것보다 훨씬 어려운 작업을 요구한다. 평화를 얻기 위해서는 공격적인 충동을 유발하는 충족되지 않은 욕구들 그리고 두려움과 공감할 필요가 있다. 이러한 느낌과 욕구를 인식하면 사람들은 반격하고자 하는 마음을 유지하지 않는다. 그러한 공격을 유발하는 인간의 무지함을 보기 때문이다. 그 대신에, 폭력을 초월하여 협력적인 관계를 맺을 수 있도록 하는 공감적 연결과 교육을 제공하는 것이 목적이 된다.

사람들이 자신의 욕구와 연결되면 다른 사람들을 응징하고 싶은 충동을 자아내는 분노가 계속되지 않는다. 우리는 우리의 욕구들을 살펴볼 필요가 있다. 욕구들이 충족되고 있는가 아닌가? 하지만 머리로 가서 우리의 욕구를 충족하지 않는 방식으로 행동하는 사람들에 대해 적과 악당의 이미지를 만들어내지는 않는다.

가슴으로 가서 자신의 욕구를 들여다보지 않고 머리로 가서 다른 사람들에 대해 핀단할 때마다 다른 사람들이 우리에게 기여하는 것을 즐길 가능성이 줄어든다.

　사람들이 분노와 좌절감, 폭력 이면에 숨어 있는 욕구와 연결되면 그들은 다른 세계로 옮겨간다. 이것은 자명한 사실이다. 그들은 13세기 수피 시인인 루미가 말한 그 들판으로 간다. "옳은 일, 그른 일이라는 생각 저 너머에 들판이 있네. 우리 그곳에서 만나세."

"평화는 서서히 생각을 바꾸고, 천천히 오래된 장벽들을 허물고,
조용히 새로운 구조를 만드는 매일, 매주, 매월 진행되는 프로세스이다.
전혀 극적이지 않더라도 평화를 추구하는 일은 계속되어야 한다."
-존 F. 케네디

제 3 부

사회변화를 위한
평화의 언어

10장 사회변화를 위해
다른 사람들과 협력하는 일

사회변화 활동 중 상당 부분은 나와 유사한 비전을 갖고 있는 다른 사람들과 연결하는 일이다. 우리는 우리가 추구하는 세상에 대한 비전을 공유하는 사람들과 협력하는 과정에서 어떻게 비폭력대화를 사용할 수 있는지를 보여준다. 또 그러한 사회변화를 함께 추구해갈 팀을 구축하는 방법을 보여준다.

처음에 팀을 구축했을 때 자주 겪는 일 중 하나는 팀원들 간의 갈등이다. 우리는 팀워크에 도움이 되지 않는 부분들을 내면에 지니고 있는 경우가 종종 있다. 거대한 외부 구조를 바꾸기 위해 모였으나 이처럼 큰 과업을 달성하는 과정에서 팀원들 간에 다툼이 있으면 그 일이 더욱 어려워진다. 그래서 사회변화 운동을 위한 교육을 진행할 때는 비폭력대화를 이용하여 회의를 보다 생산적으로 진행하고 원활하게 팀워크를 구축하는 법을 보여준다.

> 우리는 비폭력대화를 이용해 회의를 보다 생산적으로 진행하고 원활하게 팀워크를 구축하는 법을 보여준다.

한 예로, 나는 샌프란시스코에 있는 어느 소수민족 팀과 작업을 했는데, 이들의 관심사는 자녀들이 다니는 학교의 문제였다. 이들은 학교가 아이들의 정신을 파괴한다고 보았으며, 그 구조를 변화시키고자 했다. 하지만 그들은 내게 이렇게 말했다.

"저희가 지난 6개월 동안 사회변화를 위한 모임을 가졌는데 그동안 한 것이라곤 논쟁이나 비생산적인 토론뿐이고 실제 활동에서는 한 발짝도 진전을 하지 못했습니다. 비폭력대화를 이용해서 팀워크를 구축하고 좀 더 효과적으로 회의를 할 수 있는 방법을 좀 알려주시겠습니까?"

그래서 나는 그들의 회의에 가서 이렇게 말했다.

"평소대로 회의를 해보세요. 제가 관찰을 한 다음에 비폭력대화를 이용해서 여러분의 팀워크를 좀 더 효과적으로 구축할 수 있는 방법이 있는지 보겠습니다."

먼저 한 남자가 신문기사 내용을 하나 내놓았다. 자신의 자녀가 학교에서 학대를 당하고 있다며 교장을 비난하는 어느 부모의 이야기였다. 교장은 백인이었고 아이는 유색인이었다. 그가 기사를 읽고 나자 다른 한 명이 덧붙였다.

"그건 아무것도 아니에요. 저도 그 학교 다녔는데 제 어렸을 때 이야기를 들어보시죠."

그리고 다음 10분 동안 모두들 자기 어렸을 때 경험했던 일, 인종차별주의 등에 대해 이야기를 했다. 나는 한동안 그렇게 회의가 진행되도록 한 다음 이렇게 말했다.

"여기서 제가 좀 끼어들어도 되겠습니까? 지금까지 한 회의가 생산적이라고 생각하신 분 있으시면 손을 들어주시기 바랍니다."

아무도 손을 들지 않았다. 그때까지 계속 말을 하고 있던 사람들조

차도 손을 들지 않았다.

이들은 학교를 바꾸기 위해 모였으나 아무도 생산적이라고 생각하지 않는 이야기들만 하고 있었다. 이들은 가족과 보낼 시간을 줄이고 제한된 시간과 에너지를 쪼개서 이

> 비생산적인 회의로
> 에너지를 낭비할
> 여유가 없다.

자리에 왔다. 사회구조를 변화시키고자 한다면 비생산적인 회의로 에너지를 낭비할 여유가 없다. 그래서 나는 대화를 시작한 그 남자에게 이렇게 물었다.

"그룹에 대한 선생님의 부탁을 말씀해주시겠습니까? 그 신문기사를 읽으셨을 때 그룹으로부터 무엇을 원하셨습니까?"

"글쎄요. 저는 그게 중요하다고 생각했죠. 흥미 있다고 생각했습니다."

"물론 그게 흥미 있다고 생각하셨을 거라고 봅니다. 하지만 지금 말씀하신 건 본인이 생각하시는 거구요. 제가 여쭤본 건 다른 그룹 멤버들로부터 무엇을 원하셨는가 하는 겁니다."

"글쎄요. 제가 뭘 원했는지는 모르겠습니다."

"바로 그것 때문에 10분간 비생산적인 토론이 있었다고 생각합니다.

우리가 다른 사람들의 주의를 집중시켜서 뭔가를 말할 때 내가 원하는 것이 무엇인지 명료하지 않으면 그 회의가 비생산적으로 흐

> 무슨 말을 하든지
> 다른 사람들에 대한
> 명료한 부탁으로 말을 끝내라.

를 가능성이 큽니다. 비폭력대화에서 우리는 개인 혹은 그룹과 이야기할 때 무슨 말을 하든지 간에 자신이 무엇을 원하는가를 분명하게 표현하는 깃으로 말을 끝내도록 합니다. 바로

'당신의 부탁은 무엇입니까?'라는 거죠. 명료한 부탁 없이 자신의 고통이나 생각을 내어놓으면 비생산적인 토론을 촉발시키는 자극제가 되기 쉽습니다."

이것은 보다 생산적인 회의를 하는 데 비폭력대화가 어떻게 사용될 수 있는지를 보여주는 한 예이다.

또 한번은 샌프란시스코에서 시 정부 보건서비스부 내의 고용 관행을 바꾸고자 하는 소수민족 팀과 작업한 적이 있었다. 이들은 이 부서의 고용 관행이 특정 민족을 차별하며 그것이 억압적이라고 느꼈다. 그래서 보건서비스부의 고용 관행을 바꾸기 위한 활동에서 어떻게 비폭력대화를 사용할 수 있는가를 물었다.

3일 동안 나는 비폭력대화 프로세스와 그것을 사용하는 방법을 보여주었다. 그런 다음, 그날 오후에 보건서비스부의 부장을 만나고 다음날 아침에 돌아와 일이 어떻게 진행되었는지를 함께 보기로 했다. 다음날 그들은 매우 의기소침해서 돌아왔다. 한 사람이 말했다.

"안 될 걸 이미 알고 있었어요. 이 구조를 바꿀 방법은 없습니다."

"다들 아주 의기소침해 보이시는군요."

"네, 맞습니다."

"무슨 일이 있었습니까? 그 경험에서 한번 배워보기로 하죠."

이 여섯 사람은 보건서비스부 부장의 사무실로 들어갔다. 그들은 내게 자신들이 비폭력대화를 얼마나 잘 사용했는지에 대해 말했다. 구조를 억압적이라고 진단하지 않았으며, 먼저 무슨 일이 진행되고 있는지에 대해 명확한 관찰을 했다. 그러고 나서 특정 민족의 고용을 허용하지 않는 법은 차별적이라고 느낀다고 말했다.

둘째, 자신들의 감정을 표현했다. 즉 자신들은 일과 평등을 필요로 하며, 자신들이 충분히 이 일을 할 수 있다고 믿지만 거기서 소외되었기 때문에 고통스럽다고 이야기했다. 그리고 마지막으로, 부장에게 명확한 부탁을 했다. 그들은 자신들의 고용 여건이 개선되도록 고용 관행이 어떻게 바뀌었으면 하는지를 분명하게 이야기했다.

그들은 우리가 연습한 비폭력대화를 아주 훌륭하게 접목했고, 나는 그것을 매우 기쁘게 들었다. 자신들의 욕구가 무엇인지, 부탁이 무엇인지를 분명하게 이야기했고, 모욕적인 언어를 사용하지 않았다. 내가 말했다.

"여러분이 그것을 표현한 방식은 좋습니다. 부장의 반응은 어땠습니까?"

"아, 그 사람도 참 좋았어요. 우리한테 와주어서 고맙다고까지 했습니다. 민주사회에서는 시민들이 자기 의사를 표현하는 것이 아주 중요한데 우리가 이 조직에서 그것을 증진했다고 하더군요. 하지만 지금은 우리의 요구가 비현실적이고 그 부탁을 받아들이기가 어렵다고 했습니다. 와줘서 고맙다고 하구요."

"그래서 어떻게 하셨어요?"

"그래서 그냥 나왔습니다."

> 관료주의적인 모습을 넘어 그들의 마음속에 있는 것을 들어라.

"잠깐만요. 잠깐만요. 제가 여러분께 보여드린 다른 반쪽은 어떻게 됐습니까? 관료주의적인 모습 이면에 그의 마음속에 있는 것, 그가 무엇을 느끼는지, 그의 욕구는 무엇인지를 듣는 것 말입니다. 그 사람의 인간적인 모습은 어디에 있었습니까?"

한 사람이 말했다.

"그 사람 마음속에서 무엇이 진행되고 있었는지 알았죠. 그는 우리가 나가주길 바랐어요."

"설령 그랬다 치더라도, 그의 내면에서 무엇이 진행되고 있었을까요? 그가 무엇을 느끼고 있었고, 그의 욕구는 무엇이었습니까? 그도 한 명의 인간이죠. 그 인간이 갖고 있던 느낌과 욕구는 무엇이었나요?"

그들은 그가 구조 안에 있기 때문에 그를 인간으로 보는 것을 잊어버렸다. 구조 안에서 부장은 구조의 언어를 말했을 뿐, 인간의 언어를 말하지는 않았다. 그는 관료주의의 언어를 말한 것이다. 월터 윙크가 지적한 것처럼, 조직과 구조, 정부는 자신들만의 영성을 갖고 있다. 그리고 그러한 환경 안에서 사람들은 그 영성을 뒷받침하는 방식으로 소통한다.

비폭력대화는 그 구조가 무엇이건 간에 우리가 그것을 관통하여 그 안에 있는 인간을 보는 방법을 보여준다. 나는 그들에게 그 방법을 충분히 훈련시키지 않았음을 깨달았고, 그래서 우리는 다시 연습을 했다. 우리는 모든 관료주의적인 언어 이면의 욕구를 듣는 법, 그 이면의 인간을 보고 그 사람과 함께 사회변화를 위해 일할 수 있는 우리의 능력을 강화시키는 연결을 만드는 법을 연습했다.

연습이 끝난 후 그들은 부장과 다시 한 번 약속을 잡았다. 그리고 다음 날 기쁨에 들떠서 돌아왔다. 그들은 관료주의적인 말 이면에서 부장이 두려움을 느끼고 있다는 걸 알았다. 부장은 사실 그들과 같은 욕구를 갖고 있었다. 그 역시 차별적인 관행에 찬성하지 않았다. 하지만 그는 또 다른 욕구를 갖고 있었다. 바로 자신을 보호하는 것이었다.

> 모든 사람들의 욕구를
> 충족하는 방식으로
> 함께 일하라.

그리고 그는 자신의 상사가 이 제안을 들으면 매우 언짢아할 것을 알고 있었다. 상사는 이들이 추구하는 것에 격렬히 반대하는 사람이었기 때문이다. 그는 자신을 보호하고자 하는 욕구가 있었고, 상사에게 가서 고용 관행을 바꿀 수 있도록 도와달라고 말하기를 원치 않았다. 부장의 욕구를 보고 나니 자연스럽게 모두의 욕구를 충족할 수 있는 방법이 떠올랐다.

부장은 그들에게 멘토 역할을 하기로 했다. 그는 그들이 원하는 것을 얻기 위해서 거쳐야 할 과정들을 무사히 통과하도록 이끌어주었고, 그들은 그가 자신들에게 멘토 역할을 하고 있다는 사실을 아무도 모르게 함으로써 그를 보호해주었다. 그 결과, 그들은 자신들이 원하는 대로 구조 안에서 변화를 이루어냈다.

효과적인 사회변화 활동을 위해서는 다른 사람들과 연결할 필요가 있는데, 이때 그 구조 안에 있는 사람들을 적으로 보지 말고 그들 내면에 있는 인간의 욕구를 들으려고 노력해야 한다. 그런 다음, 끈기 있게 소통의 흐름이 지속되도록 해서 모든 이들의 욕구가 충족되도록 할 필요가 있다.

 연습 내가 적으로 여기는 사람 중에 연결하고 싶은 사람을 떠올려보자. 이 갈등을 연결로 바꾸기 위해 가장 먼저 할 일은 무엇인가?

사회변화를 위한 기금 마련

> "우리가 변하면 상황이 더 나아질 것이라고 단정하지는 못하겠다.
> 하지만 상황이 더 나아지게 하고 싶다면 우리는 변해야 한다."
> -게오르크 리히텐베르크

내가 관여한 또 하나의 사회변화 프로젝트는 앞서 이야기한 조직폭력단 두목과 관련이 있다. 줄루스의 두목은 자기네 문화에도 비폭력 대화가 매우 유용할 것이라고 생각했다. 앞서 잠시 설명한 것처럼 우리 두 사람은 미국의 학교 안 인종차별 문제와 관련하여 수년 동안 함께 많은 일을 했다. 그중 한 가지는 학교에서 쫓겨나거나 소외된 학생들을 데리고 교사들이 학생들의 지배자가 아닌 협력자가 되어 교육하는 학교를 만드는 것이었다.

우리는 먼저 시범학교를 만들어 다른 학교에서 적응하지 못한 학생들에게도 제대로 된 교육을 제공할 수 있다는 사실을 보여주고 싶었다. 그런 다음, 이것을 발판으로 삼아 학교교육 전반에서 보다 포괄적인 변화를 이루어내길 원했다. 그러려면 먼저 시범학교에서 교사들에게 급여를 주고 여러 프로그램을 운영하는 비용으로 5만 달러를 모아야 했다.

활동에 필요한 자원을 어떻게 얻을 것인가? 이것은 사회변화에서 매우 중요한 부분이다. 나는 제한된 시간을 최대한 활용하는 법과 관련하여 이 조직폭력단 친구로부터 소중한 교훈을 배웠다. 이것은 매우 중

요하다. 사회변화 활동에서는 다양한 소통이 진행되어야 하기 때문이

다. 그래서 우리는 마음으로부터 비폭력대화를 할 뿐 아니라, 간결하고 명확해야 하며, 짧은 시간—또는 우리가 기회의 창이라고 부르는 시간—을 최대한 활용할 수 있어야 한다.

내 조직폭력단 친구인 앨은 이렇게 말했다.

"지난번에 선생님이 워크숍을 진행한 그 재단에 가보면 어때요? 거긴 돈을 주는 데잖아요. 거기 가서 이 프로젝트 기금을 얻으면 어떨까요?"

"거기서 돈을 받으면 좋은데 앞으로 두어 달간은 신청을 안 받아요. 이번 분기는 끝났거든요. 게다가 거기서 돈을 받으려면 복잡한 제안서도 써야 하는데 우린 지금 그럴 시간도 없고 인력도 없어요."

"그런 방법도 있긴 한데, 그쪽하고 약속을 잡을 수 있지 않아요?"

"그렇죠. 그쪽하고 약속은 잡을 수 있을걸요."

"그럼, 약속을 잡고 거기 가서 돈을 받아 옵시다."

"약속을 잡은 다음에 어떻게 할 건가요?"

"내가 알아서 할게요. 다 알아서 할 테니 그건 걱정 말아요."

그래서 나는 재단에 전화를 걸어서 이렇게 말했다.

"네, 로젠버그 박사입니다. 지난달에 운영진들과 함께 워크숍을 했었는데요. 재단 대표님을 좀 만날 수 있을까요?"

그러자 비서가 말했다.

"아, 대표님이 요즘 굉장히 바쁘신데요. 한번 알아보고 다시 연락드리겠습니다."

잠시 후에 비서가 다시 전화를 했다.

"회의 중간에 짬을 좀 내실 수 있을 것 같습니다. 대표님도 기꺼이 만나고 싶어 하시는데, 20분밖에 시간이 안 날 것 같아요. 그래도 괜찮으시겠어요?"

"네, 좋습니다. 고맙습니다."

재단 대표와 만나러 가는 길에 나는 앨에게 물었다.

"20분 동안 무슨 말을 할 건가요?"

그가 말했다.

"내가 알아서 할 테니 걱정 말고 맡겨두세요."

그렇게 약속 장소로 가서 내가 대표에게 공손하게 두 사람을 소개했다.

"X 박사님, 이쪽은 제 동료 앨이라고 합니다. 그리고 앨, 이분이 재단 대표이신 X 박사님세요."

앨은 대표와 악수를 하더니 말했다.

"안녕하쇼, 형님. 그 돈 어딨습니까?"

나는 하마터면 옆에 있는 빗자루로 그를 내려칠 뻔했다. 나는 그가 이런 공적인 회의를 그렇게 시작하는 모습에 너무도 당황했다. 나라면 보통 기금을 부탁할 때 제안서와 슬라이드를 들고 가서 정중하게 내가 하고자 하는 일이 얼마나 가치 있는지를 보여주려고 했을 것이기 때문이다.

하지만 이 친구는 정반대였다. 그는 사실상 이렇게 말한 것이다. '우린 여기 돈 받으러 왔소. 당신이 우리한테 그 돈을 줄지 말지를 결정하는 데 우리한테서 필요한 정보가 뭐요?' 그 대표는, 매우 공손하게, 웃으며 말했다.

"무슨 돈 말입니까?"

앨이 말했다.

"재미있는 학교를 위한 돈 말이오."

"재미있는 학교라. 그게 뭡니까?"

"로젠버그 학교인데, 우리 친구들이 학교에서 쫓겨난 아이들도 다르게 대우를 받으면 성공적으로 학업을 수행할 수 있다는 걸 보여주기 위해서 만들려고 하는 거죠."

"그 재미있는 학교는 구체적으로 어떤 모습입니까?"

> 우리가 원하는 것을 주려면 어떤 정보가 필요합니까?

앨이 어떻게 했는지 보라. 1분 1초가 귀중한 상황에서 상대방이 듣고 싶어 할 것이라고 우리가 추측한 정보들로 시간을 채우는 대신, 앨은 자신의 문화적인 스타일에 따라 처음부터 단도직입적으로 "우리가 원하는 것을 주려면 어떤 정보가 필요합니까?"라고 물은 것이다. 그는 상대방이 대화의 방향을 이끌도록 했고, 그 결과 우리는 5만 달러를 손에 쥐고 회의실을 나올 수 있었다.

이 일이 약 30년 전에 있었는데, 그때 이후로 나는 사회변화를 위한 여러 활동에서 반복적으로 이 방법을 이용했다. 물론 앨이 한 그대로 하지는 않았지만, 내 프로젝트에 대한 지원 여부를 결정할 때 처음부터 그들이 내게서 어떤 정보를 들을지 결정하도록 했다.

나는 고위 정부 관료와 기업 인사들로 구성된 스웨덴의 어느 중요한 위원회와의 만남에서도 이 방법을 사용한 적이 있다. 나는 그 위원회가 사회변화 프로젝트 하나를 지원해주기를 바랐다. 이 위원회와 약속을 잡는 데만 적잖은 노력이 들었고, 결국 20분이라는 시간을 얻어냈다. 동료와 내가 기다리고 있는데, 비서가 와서 말했다.

"죄송합니다. 위원회에서 좀 늦겠다고 합니다. 그래서 20분이 아니라 5분 정도밖에 시간을 못 내겠다고 하는데요."

그렇다. 겨우 5분밖에 없으니 더더욱 앨에게서 배운 방법을 사용해야 했다. 그래서 나는 회의장에 들어가 내가 그들에게서 정확히 무엇을 바라는지를 이야기했다. 그리고 5분 안에 그 지원 여부를 결정하기 위해서 내게서 무슨 이야기를 듣고 싶은지를 물었다. 그들은 무려 40분 동안이나 내게 질문을 했다! 하지만 내게 단지 5분만 주었더라도 그들에게 전혀 도움이 되지 않을 말들을 쏟아놓는 대신 그들이 듣고 싶은 것을 내게 묻도록 함으로써 훨씬 더 많은 것을 얻었을 것이다.

> 무수한 말들로 시간을 채우지 말라. 대신, 상대방으로 하여금 자신이 무엇을 듣고 싶은지를 당신에게 말하도록 하라.

이것은 사회변화 활동에 비폭력대화를 적용하는 또 하나의 예이다. 우리는 회의를 할 때 더 생산적이 될 수 있고, 불필요한 말들로 시간을 낭비하지 않게 된다. 대신, 우리와 협력할 것인지 여부를 결정하는 데 어떤 정보가 필요한지를 우리에게 직접 물어보도록 할 수 있다.

 연습 회의가 비생산적으로 진행되고 있을 때 회의를 진척시키기 위해 무엇을 할 수 있겠는가? (힌트: 관찰, 느낌, 욕구, 그리고 명확한 부탁에 초점을 맞추자!)

⑪장 갈등과 대립을 다루는 법

사회변화 활동을 하는 중에도 물론 여러 가지 대립에 직면하게 된다. 우리는 우리가 추구하는 목적에 반대하면서 자신들의 느낌과 욕구를 명료하게 설명하지 못하는 사람들과 대립할 때 비폭력대화를 사용하는 법에 대해 배울 필요가 있다. (이러한 대립적인 상황에서) 우리는 상대가 어떤 방식으로 소통하든지 간에 상대의 느낌과 욕구를 듣는 법을 익혀두어야 한다.

나는 일리노이 주에서 어느 사회변화 프로젝트에 관여한 적이 있었다. 이 프로젝트는 우리가 설립한 공립학교와 관계된 것으로, 우리의 궁극적인 목표는 이 학교의 원칙을 통해 학교교육 전반이 조화롭게 운영되도록 하는 것이었다. 학교를 운영하는 일은 매우 어려웠지만, 상당한 저항을 극복한 후 마침내 학교를 출범시킬 수 있는 연방기금을 얻을 수 있었다.

그러나 학교 설립 후 다음 학교 이사회 선거에서 네 명의 이사가 선출되었는데, 이들은 우리 학교의 문을 닫고 교장을 퇴출시키겠다는 공약을 내건 사람들이었다. 학교는 성공적으로 운영되고 있었다. 우리 학교는 전국우수교육상을 받았고, 학업 성취도가 상승했고, 학생들의 기물 파손 행위도 줄었다.

이 학교 프로젝트가 살아남기 위해서는 우리가 하는 일에 격렬히 반대하는 사람들과 소통할 필요가 있었다. 하지만 학교 이사회와 회의를 잡기란 쉽지 않았다. 세 시간짜리 회의를 잡는 데 열 달이 걸렸다. 그들은 내 전화를 받지 않았고, 내 편지에 응답하지 않았고, 나를 보려고 하지도 않았다.

열 달 동안 우리는 그들에게 접근할 수 있는 사람을 찾아서 그들을 잘 설득시킬 수 있도록 그 사람에게 비폭력대화의 기술을 가르쳐야 했다. 그렇게 해서 마침내 이사회가 교장과 나를 만나기로 했으나, 거기에는 조건이 있었다. 그들은 언론에 이 사실이 알려지는 것을 원치 않았다. 자신들이 퇴출시키겠다고 공약으로 내건 사람들과 만난다는 사실이 외부에 알려지는 것을 당혹스럽게 생각했기 때문이다.

이 상황에서 비폭력대화가 내게 어떻게 도움이 되었는지 궁금한가? 먼저 나는 이사들을 만나기 전에 나 자신을 준비할 필요가 있음을 알았다. 이사회에 대해서 내가 적 이미지를 갖고 있었기 때문이다. 나는 그들이 나에 관해 한 말로 인해서 마음속에 큰 고통을 안고 있었다.

한 예로, 이사 중 한 명이 지역 신문사를 소유하고 있었는데 그는 기사에서 이렇게 썼다. "우리의 '친애하는' 교장이 그의 유대인 친구를 들여와 우리 교사들을 세뇌시키고 교사들이 다시 우리 아이들을 세뇌시키도록 하고 있다는 사실을 알고 있는가?" (그는 일부러 '친애하는'에 따

> 이사회에 대해서 내가 적 이미지를 갖고 있었기 때문에 사전에 나 자신을 준비할 필요가 있었다.

옴표를 썼는데 그가 교장을 얼마나 싫어하는지 모든 사람들이 알고 있었기 때문이다.) 이것은 그 이사가 한 말 중에 내가 들은 것의 극히 작은 예에 불과하다. 그래서 나는 내 안에서 해결해야 할 것이 아주 많았다.

나는 또 그가 지역의 반공 극우단체인 존버치협회 회장이라는 사실도 알고 있었기 때문에 그 협회에 속한 사람들에 대해 마음속으로 어느 정도 판단을 갖고 있었다. 나는 사회변화의 매우 중요한 부분인 '절망 작업'을 해야 했다.

절망 작업은 조애나 R. 메이시(Joanna R. Macy)가 창안한 개념이다. 그녀는 사회변화 활동가로 내가 매우 존경하는 사람이며, 영성과 사회변화가 함께 간다는 점을 인식하고 절망 작업의 중요성을 역설했다. 우리가 강하고 진실한 영성을 가지고 있다면 우리의 사회변화 목적을 달성할 가능성이 훨씬 커진다.

테이블 건너편에 앉아 있는 '인간'을 보는 법

"연민은 종교의 영역이 아니다. 인간의 영역이다.
그것은 사치가 아니다. 우리 내면의 평화와 마음의 안정을 위해
반드시 필요한 것이다. 그것은 인간의 생존을 위해 반드시 필요한 것이다."
─달라이 라마

절망 작업은 다음과 같은 식으로 진행되었다. 회의 전날 밤에 나는 프로젝트에 참여하는 동료들과 만난 자리에서 이렇게 말했다.

"내일 회의에서 제가 이 사람(신문사 사장)을 한 인간으로 보는 일이 아주 어려울 것 같습니다. 제 안에 분노가 너무 커서 어느 정도 제 내면의 작업을 해야 할 것 같아요."

동료들은 내 안에서 일어나고 있는 것에 공감적으로 귀를 기울여주었다. 나는 그렇게 내 고통을 표현하고 이해받을 수 있는 소중한 기회를 누렸다. 그들은 내가 느끼는 분노를 들었고, 그 분노 뒤에 숨어 있는 두려움, 우리가 정말 그런 사람들과 연결될 수 있을까 하는 절망에 대한 두려움을 들었다.

내가 너무도 깊은 고통과 절망감을 안고 있었기 때문에 이 작업을 하는 데 세 시간이 걸렸다. 절망 작업 도중에 나는 이렇게 말했다.

"여러분 중에 그가 이야기하는 것을 보신 분이 있으면 저와 역할극을 좀 해주시겠어요? 그가 평상시에 말하는 방식을 통해 그의 인간적

인 모습을 보고 싶습니다."

나는 그를 한 번도 본 적이 없었지만, 그를 대면한 적이 있는 팀원들이 그가 어떻게 말하는지를 내게 보여주었다. 나는 그날 밤에 그를 한 인간으로 보기 위해서, 그래서 그를 적으로 보지 않기 위해서 열심히 노력했다. 나는 회의 전날 절망 작업을 했다는 사실에 매우 안도했다. 다음 날 회의장으로 가는 길에 우연히 그와 내가 동시에 문으로 들어섰는데 그가 이렇게 말했기 때문이다.

"이건 시간 낭비요. 당신과 교장이 이 지역사회를 돕고 싶다면 여길 떠나시오."

> 전날 절망 작업을 한 것이
> 얼마나 다행인가.

나의 즉각적인 반응은 그의 멱살을 잡고 '회의를 하겠다고 당신 입으로 말했잖아'라고 소리치는 것이었다. 나는 숨을 깊이 들이마셨다. 전날 절망 작업을 한 것이 얼마나 다행인가. 나는 감정을 조절하고 인간으로서의 그와 연결하고자 노력했다. 내가 말했다.

"이 회의에서 과연 어떤 소득이 있을까 절망감을 느끼시는 것 같군요."

내가 그의 느낌을 들으려고 노력하자 그는 약간 놀라는 것 같았다. 그가 말했다.

"맞소. 당신과 교장이 하는 프로젝트가 우리 지역을 파괴시키고 있소. 애들이 그저 하고 싶어 하는 대로 내버려두는 이런 방임적인 철학은 아주 어리석은 것이오."

나는 다시 한 번 숨을 깊이 들이마셨다. 그가 우리의 교육을 방임적이라고 보는 데 좌절감을 느꼈다. 그것은 우리 프로젝트가 무엇인지를 명료히 하지 않았다는 말이었다. 그가 제대로 보았다면 우리가 규칙과 규율을 두고 있음을 알 것이다. 우리의 규칙과 규율은 처벌 중심이 아니고 권위자가 만들어 일방적으로 운영하는 것도 아닌, 공동체 안에서 교사와 학생들이 함께 만든 것이다.

나는 그 점에 대해 바로 방어를 하고 싶었지만 다시 한 번 깊이 숨을 들이마시고 나서 (전날 밤에 한 작업 덕분에) 인간으로서의 그를 볼 수 있었다. 그래서 나는 이렇게 말했다.

"학교에서 질서를 유지하는 일이 얼마나 중요한지 알아주기를 원하시는군요."

그는 나를 다시 한 번 이상하게 쳐다보더니 말했다.

"맞소. 당신들은 해악을 끼치는 사람들이오. 당신과 교장이 오기 전에 우리 지역에는 아주 훌륭한 학교들이 있었단 말이오."

다시 한 번 나의 즉각적인 반응은 그에게 이 지역의 학교에서 만연하던 폭력과 낮은 학업 성취도를 상기시켜주고 싶은 충동이었다. 하지만 나는 깊이 숨을 들이마시고 말했다.

"학교와 관련해서 지원하고 보호하길 원하는 문제들이 많이 있으신 것 같군요."

회의는 상당히 잘 진행되었다. 그는 내가 적 이미지로 듣기 쉬운 방식으로 이야기를 했다. 하지만 계속해서 그 안에서 생동하고 있는 것을 듣고 그를 존중하면서 그의 욕구들과 연결하려고 노력한 끝에, 나는 그가 처음보다 더 편하게 마음

> 나는 계속해서 그 안에서 생동하고 있는 것을 듣고, 그를 존중하면서 그의 욕구들과 연결하려고 노력했다.

을 열고 우리를 이해하게 된 것을 보았다. 나는 상당히 고무된 채로 회의를 마쳤다.

호텔 방에 돌아와서도 나는 기분이 아주 좋았다. 전화가 울렸다. 그 이사였다.

"저기, 그동안 내가 당신에 대해 한 이야기들에 대해서 미안하게 생각합니다. 내가 당신의 프로그램을 이해하지 못했던 것 같소. 당신이 그것을 어떻게 구상하고 그 아이디어를 어디서 얻었는지 더 들어보고 싶소."

그래서 우리는 40분가량 전화상으로 마치 형제처럼 이야기를 나누었다. 나는 그의 질문에 성심 성의껏 답변을 했고, 학교에 대한 내 열정에 대해 폭포수처럼 이야기를 쏟아놓았다.

잠시 후에 동료들이 (내가 집에 돌아가도록) 나를 공항으로 데려다주기 위해 왔다. 공항에 가는 동안 내내 나는 얼마나 기분이 좋았는지 떠들어대며 이렇게 말했다.

"이게 바로 우리가 말하던 것의 증거입니다. 상대방을 인간으로 보면 그들이 누구이건 간에 연결할 수 있다는 거죠."

나는 정말 정말 기분이 좋았다! 그것은 사회변화에 대한 내 희망, 그리고 적 이미지를 극복하면 그 누구와도 연결할 수 있다는 희망을 치솟게 했다. 그런 다음, 나는 그 전화 통화에 대한 이야기를 했다.

다음 날, 동료 중 한 명이 전화를 했다.

"선생님, 안 좋은 소식이 있어요."

"뭔데요?"

"저희가 미리 선생님께 경고를 해드렸어야 했는데……. 이 사람의 전

형적인 전술 중 하나가 사람들에게 전화를 걸어서 통화 내용을 녹음한 다음에 필요한 부분만 짜깁기해서 신문에서 그 사람들을 조롱하는 거랍니다. 아주 오래된 수법이죠. 저희가 그걸 미처 말씀을 안 드렸어요."

나는 나 자신과 그 이사 중에서 누구를 먼저 죽이고 싶은지 판단이 서지 않았다. 그런 사람을 믿고 그런 사람도 바뀔 수 있다고 생각할 정도로나 자신이 어리석었기 때문이고, 그가 그런 사람이라는 사실에 화가 났다. 나는 크게 낙심했다. 내가 그 사람에게 정말 그렇게 당한 것처럼 그게 현실적으로 느껴졌다. 하지만 그는 내게 그렇게 하지 않은 것으로 드러났다. 그리고 다음 이사회 회의에서 그는 우리 프로그램에 찬성표를 던졌다. 우리 학교를 없애겠다는 공약으로 선출되었는데도 말이다.

이 경험은 사회변화 활동을 하는 내게 중요한 교훈을 주었다. 회의 전날 밤, 내 고통과 절망감을 치유하는 데—상대방에 대해 갖고 있던 적 이미지에서 벗어나 그를 다시 인간으로 볼 수 있기까지—세 시간이 걸렸다. 그리고 다음 날 단순히 소문만으로 그것을 다시 잃는 데 5초가 걸렸다.

나는 사회변화 활동의 이면에 영적인 에너지가 있어야 한다고 믿는다. 그리고 내게는 그 영적인 에너지와 지속적으로 연결하는 것이 사회변화에서 매우 중요한 부분이다. 사회변화는 우리가 없애고자 하는 악당들의 추한 모습이 아니라 우리가 추구하는 것의 아름다움을 보는 데서 온다.

> 사회변화 활동에서 매우 중요한 부분은 그 활동의 이면에 있는 영적인 에너지와 지속적으로 연결하는 것이다.

직장 안에서의 갈등

"논쟁은 두 관점 사이에 있는 가장 먼 거리이다."
-댄 베넷

나는 종종 직원들 간의 갈등을 중재해달라는 부탁을 받는다. 전 세계의 기업들은 직원들 간의 내분과 다툼으로 골치를 앓는다. 우리는 비폭력대화를 이용해 기업들이 그러한 갈등에 대처하도록 돕는다. 나는 어느 스위스 회사의 부탁을 받은 적이 있었는데, 그 회사에서는 부서 간의 갈등이 15개월이나 지속되고 있었다. 회사 사람들은 거의 매일 그 문제에 대해 이야기를 하고 있었다. 갈등의 원인은 특정 기능에 어떤 소프트웨어를 쓰느냐였다. 이것은 사소한 문제가 아니었다. 기존 소프트웨어에서 새 소프트웨어로 전환하는 일은 엄청난 양의 시간과 돈이 관련된 문제였다.

직원들은 두 편으로 나뉘어 있었다. 젊은 직원들과 나이 든 직원들이었다. 내가 말했다.

"누가 먼저 하시든지 간에 이 상황에서 여러분의 어떤 욕구들이 충족되지 않고 있는지 알고 싶습니다. 우리가 모든 사람들의 욕구를 찾아내고 모두가 자신의 욕구를 명확하게 표현하고 나면, 우리 모두의 욕구를 충족할 수 있는 방법을 찾아낼 수 있을 거라고 확신합니다. 누가 먼저 하시겠습니까?"

나이 든 직원 중 한 명이 먼저 발언을 했는데, 그가 던진 첫 두 단어만을 듣고도 그의 어떤 욕구가 충족되지 않고 있는지를 알 수 있었다. 나는 욕구를 말해달라고 부탁했는데 그는 이렇게 말했다.

"제가 생각하기에 새로운 것이 나왔다고 해서 그게 반드시 효과적이라고 보기는 어렵습니다."

그는 새로운 것이라고 해서 반드시 좋으리라는 보장은 없다는 주장을 정당화하는 생각들을 장시간 늘어놓았다. 그리고 몇 가지 예를 들었다. 나는 다른 편 사람들이 눈을 굴리며 천장을 쳐다보는 것을 보았다. 같은 말을 지난 15개월간 계속 들어왔기 때문이었다.

스위스인들의 관습에 따라 사람들은 그의 말이 끝날 때까지 계속 듣고 있었다. (잠시 여담으로, 그래서 나는 어떤 면에서는 중동 사람들과 일하는 것을 더 선호한다. 중동에서는 모두가 동시에 말을 하기 때문에 똑같은 비생산적인 토론이라도 시간이 반으로 줄어든다! 하지만 아마도 그것이 우리 가족의 토론 방식과 같기 때문일 것이다. 수세기에 걸친 우리 가족의 역사를 돌아볼 때 아무도 끝까지 다 말한 적이 없다.) 어쨌거나 그래서 젊은 직원들은 그의 말이 끝나기를 기다렸다가 한 명이 대표로 말을 했다.

"저도 …… 어쩌고 저쩌고…… 어쩌고 저쩌고……라고 하신 친애하는 동료 직원님의 의견에 전적으로 동의합니다."

"하지만 제 생각은……."

그는 그렇게 계속 말을 이어갔다.

나는 한동안 회의가 그렇게 진행되도록 둔 다음 이렇게 말했다.

"지금까지 이 회의가 생산적이라고 생각하신 분 계십니까?"

아무도 손을 들지 않았다. 내 눈에는 그러한 긴 발언들 뒤에 깊은 느낌과 욕구들이 있는 것이 분명해 보였다. 내가 그것들을 표현하도록 도와주자, 나이 든 직원들은 자신들이 개발한 소프트웨어가 회사에 얼마나 큰 기여를 했는지 인정받지 못함으로써 큰 상처를 받았다는 것이 드러났다.

그동안 여러 기업들과 작업해온 경험으로 볼 때, 사람들은 직장 안에서 자신의 느낌에 대해서 말할 수 없다. 누가 무엇을 느끼고 어떤 욕구를 갖고 있는지는 아무도 신경 쓰지 않는다. 모두 다 생산에만 관심을 둘 뿐이다. 하지만 느낌과 욕구를 표현하지 않고 계속 지적인 논의만 한다면 결국 이 회사와 같은 상황에 이르고 만다. 문제의 뿌리로 가지 않음으로써 시간만 허비하는 것이다. 나이 든 직원들은 정말로 깊은 상처를 받았다. 그들은 자신들이 기여한 바에 대해서 아무런 인정도 받지 못했다. 나는 그들을 도와주어야 했다. 깊이 숨어 있는 느낌과 욕구를 들춰내야 했지만 그러기가 쉽지 않았다. 그러한 환경에서는 사람들이 자신의 느낌과 욕구를 드러내는 걸 두려워하기 때문이다.

사람들은 종종 이렇게 말한다.

"직장에선 자기 감정을 표현할 수 없습니다. 그러면 아마 나를 뭉개버릴걸요. 나를 아주 약한 사람이라고 생각할 겁니다."

하지만 나는 나이 든 직원들에게, 인정에 대한 욕구가 충족되지 않아서 자신들이 상처를 받았다는 것을 인정하게 했다. 그런 다음, 젊은 직원들을 향해 물었다.

"여러분들이 이걸 이해했다는 걸 확인하고 싶습니다. 한 분이 방금 들은 말을 반복해주시겠습니까?"

"저희도 이해합니다. 하지만……."

"잠깐만요. 잠깐만요. 저분이 하신 말씀을 그냥 그대로 반복해주세요."

"저분들이 생각하시는 건……."

"아뇨, 아뇨. 그게 아닙니다. 저분들의 생각이 아니구요. 저분들이 무엇을 느끼고 어떤 욕구를 갖고 있습니까?"

쉽지 않았다. 상대방의 인간적인 모습을 보고 들을 수 있게 되기까지 그들은 정말 많은 도움을 필요로 했다. 그런 다음, 젊은 직원들이 자신들의 느낌과 욕구를 표현하도록 했다. 그들은 단지 나이가 어리다는 이유로 자신들이 개발한 신제품이 거절당할까 봐 두려워하고 있었다. 그리고 그들은 이 신제품이 도움이 될 것이라고 확신했다. 젊은 직원들은 나이 때문에 자신들의 능력을 존중받지 못한다고 느꼈다. 나는 나이 든 직원들에게 그것을 듣도록 했다. 이렇게 하고 나니 불과 한 시간여 만에 15개월간 이어졌던 갈등이 눈 녹듯이 해결되었다.

기업 문화를 바꾸는 일

기업에서는 사람들이 욕구와 느낌을 말하도록 하기가 쉽지 않다. 모든 조직이 고유한 영성을 갖고 있다는 신학자 월터 윙크의 말을 인식하지 못하는 것은 말할 것도 없다. 조직의 영성이 '생산 우선주의'라면 생산성만이 중요시된다. 인간의 느낌, 인간의 욕구, 인간으로서의 모습은 중요하지 않다. 그리고 회사는 직원들의 사기뿐 아니라 생산 측면에서도 그에 따른 대가를 치른다. 직원들이 자신의 느낌과 욕구를 이해받고 있다고 느끼면 생산성이 올라가기 때문이다.

우리가 또 회사의 관리자들에게 가르치는 것은 직원들을 비판하지 않고 업무를 평가하는 방법이다. 우리는 교사들에게도 똑같은 것을 가르친다. 부모들에게도 마찬가지다. 내가 어느 기업에서 그것을 관리자들에게 설명하고 있을 때였다. 나는 먼저 비폭력대화의 한 부분, 즉 관찰하는 법, 내가 좋아하지 않는 상대방의 행동에 대해 이야기함으로써 상대방이 그 행동에 주의를 기울이게 하는 법에 대해 설명했다. 나는 관리자들에게 이렇게 물었다.

"본인이 좋아하지 않는 직원들의 행동 중에 오늘 연습해보고 싶은 것은 어떤 행동입니까?"

한 사람이 말했다.

"어떤 직원들은 권위를 존중하지 않습니다."

"잠깐만요. 그게 제가 말하는 판단입니다. 제가 여쭤본 것은 직원들이 무엇을 하느냐입니다. 어떤 사람의 업무를 평가할 때, 그들에게 권위를 존중하지 않는다고 말하면 방어적인 반응이 나올 가능성이 크죠. 평가를 통해 업무 수행력을 높이고자 한다면 정확한 관찰로 시작하셔야 합니다."

그는 그렇게 하지 못했다. 또 한 사람이 말했다.

"제 직원들은 게으릅니다."

"죄송하지만, 그것도 판단입니다. 그들이 무엇을 하느냐는 제 질문에 대한 답이 아니죠."

또 다른 관리자가 말했다.

"선생님, 이거 너무 어려운데요."

앞서 말했듯이, 크리슈나무르티는 평가하지 않고 관찰하는 능력이 인간 지성의 가장 높은 형태라고 했다. 내가 관찰하는 법을 보여주자 관리자 중 한 명이 벌떡 일어섰다. 그는 말 그대로 밖으로 뛰쳐나갔다. 그러고는 다음 날 돌아와서 자신의 갑작스런 행동에 대해 사과했다.

"어제 선생님께서 업무 평가하는 법을 보여주시고, 또 정확하게 관찰을 하고 비판으로 들리지 않는 언어를 사용하는 법에 대해 설명하셨잖습니까?"

"네, 그랬죠."

"어제 이 교육을 받으러 오던 길에 사무실에 들러서 비서한테 제가 쓴 업무 평가서를 타이핑하라고 주고 왔거든요. 그런데 선생님께서 처음 20분 동안 왜 업무 평가를 할 때만 되면 그것이 악몽 같은 일이 되는지를 제게 알려주셨습니다. 그 시기만 되면 저는 며칠간 잠을 잘 수가 없어요. 직원들 중 상당수가 상처를 입고 화를 낼 것을 알기 때문이죠. 그런데 선생님의 말씀을 듣고 제가 관찰과 평가를 혼동하고 있었다는 걸 알았습니다. 그래서 어제 중간에 뛰쳐나가서 비서가 평가서를 타이핑하기 전에 되찾아 왔습니다."

그는 계속 말했다.

"그리고 어제 새벽 두 시까지 평가와 비난을 섞지 않고 제가 좋아하지 않는 행동을 정확하게 관찰하려고 노력했습니다."

서로 만나려고 하지 않을 때

"리더십은 어느 한쪽을 선택하는 것보다 더 어려운 일을 해야 한다.
바로 양쪽을 한데 모으는 일이다."
-제시 잭슨

가족이건, 기업이건, 정부이건, 아니면 또 다른 집단이건 간에 사회변화를 추구하는 활동에서 가장 어려운 것은 사람들을 한방에 모으는 일이다. 농담이 아니다. 이것이 가장 어렵다.

한 예로, 스위스의 한 리조트에서 작업을 한 적이 있었는데, 주방 관리자들이 다른 부서의 관리자들과 갈등을 겪고 있었다. 리조트의 소유자는 이 두 그룹 간의 갈등을 중재하고자 했으나 양쪽 모두 마주 앉는 것조차 거부했다. 그래서 나는 한쪽 부서의 관리자 중 한 명과 만났다. 그리고 비폭력대화를 이용해 내가 상대편 부서의 대표 역할을 했다. 나는 공감으로 듣고, 내가 이해한 상대편의 욕구들을 판단하지 않는 방식으로 표현했다.

우리는 이 내용을 녹음했다. 그리고 그 사람의 허락을 받고 테이프를 상대편 부서로 가져가서 틀어준 다음, 상대편과 똑같은 일을 반복했다. 나는 단지 양측을 한자리에 모으기 위해서 이 모든 과정을 거쳤다. 하지만 단지 그것만으로도 모든 갈등이 해결되었다. 내가 '양측을 한자리에 모으는' 방법을 창의적으로 생각해내지 못했다면 갈등은 해결되지 않았을 것이다.

ⓛ²⁾ 감사

　감사는 사회변화에 필요한 또 하나의 중요한 요소이다. 또한 비폭력대화에서 유지하려 하는 영적인 의식을 지속하도록 돕는 데 매우 중요하다. 우리가 특정한 방식으로 감사를 표현하고 받는 법을 안다면, 악의 세력들을 무너뜨리고자 애쓰는 대신, 가능성의 아름다움을 통해 힘을 얻고 사회변화를 위한 노력을 지속하는 데 필요한 막대한 에너지를 얻을 수 있다.

　나는 아이오와 주의 어느 영향력 있는 페미니스트 그룹과 함께 작업하면서 감사가 얼마나 중요한지를 처음으로 깨달았다. 나는 그녀들이 하는 활동을 존경했고, 사회변화를 위한 자신들의 노력에 비폭력대화가 어떻게 도움이 될지 알려달라는 부탁을 받았을 때 그것을 매우 영광스럽게 받아들였다. 하지만 그녀들과 사흘간 워크숍을 하면서 약간 걸리는 일이 하나 있었다. 날마다 감사를 표현하고 작은 일들을 축하하기 위해 적어도 두어 번씩 하던 일을 중단하는 것이었다. 당시 나는 세상에 너무도 해야 할 일이 많다는 생각에 사로잡혀 있었기 때문에 단지 축하를 하기 위해서 프로그램을 중단한다는 사실이 상당히 좌절스러웠다. 인종차별주의, 성차별주의 등 세상에는 바꿔야 할 것들이 너무도 많았다. 그래서 나는 앞으로 해야 할 일에만 몰입해 있어서 축하할 여유가 없었다.

워크숍이 끝나고 난 후 그룹의 대표와 저녁 식사를 했다. 그녀가 물었다.

"저희 단체하고 일하신 소감이 어떠신가요?"

"여러분이 하고 계신 일을 정말 존경합니다. 함께 작업하게 되어서 정말 좋았구요. 한 가지 말씀드리자면, 하던 일을 자주 멈추고 축하하고 감사를 표하는 것이 제게는 약간 이상하게 보였습니다. 저한텐 좀 익숙하지 않은 일이었죠."

"선생님이 그 말씀을 꺼내주셔서 고맙습니다. 제가 말씀드리고 싶은 부분이었거든요. 선생님은 사회변화 운동들이 삶의 아름다운 점을 상기시켜주지 못하고 '세상이 얼마나 참혹한 곳인가'라는 생각에 사로잡힌 채 계속 그런 에너지를 갖고 진행된다는 게 염려스럽지 않으세요? 그래서 저희는 감사 의식을 합니다. 할 일이 산더미처럼 많다는 건 알지만, 그래도 어떠한 것이든 우리가 지향하는 바를 지지해주는 것들에 대해 감사하는 시간을 가지려는 거죠."

그 대화를 통해 나는 내 의식이 얼마나 부정적인 모습과 해야 할 일들로만 가득 차 있는지에 대해 생각해보게 되었다. 그러한 의식은 내 안에서 상당히 무서운 사람을 만들어내고 있었다. 그리고 그때부터 지금까지, 그러니까 지난 30여 년간 비폭력대화 교육에 감사의 표현을 넣고자 노력해왔다. 우리는 우리의 정신적 가치와 공존하는 삶을 지속하는 데 감사가 큰 힘이 되는 것을 본다. 또 우리가 특정한 방식으로 감사를 표현하고 받을 때마다 우리는 비폭력대화가 지지하는 영성을 기억한다.

앞서 언급한 것처럼, 우리가 추구하는 영성은 우리 삶의 목적이 연민의 마음으로 기여하고 공헌하는 것에서 온다는 것을 사람들이 매순간 의식하도록 하는 것이다. 삶에 기여하는 방식으로 우리의 힘을 사용하는 것보다 더 경이로운 일은 없다. 삶에 기여하는 방식으로 우리의 노력을 기울이는 것, 그것은 우리 안에 있는 신성한 에너지의 발현이며 우리의 가장 큰 기쁨이다.

부정적인 판단으로서의 칭찬

> "두 사람이 서로 진정으로, 인간적으로 연결되면,
> 신은 그 둘 사이를 충전시키는 전기와 같다."
> -마르틴 부버

비폭력대화 교육에서 우리는 그러한 영성과 조화되는 삶을 지속할 수 있는 방식으로 감사를 표현하고 받는 법을 사람들에게 보여준다. 그러나 이는 그와 정반대되는 방식으로 감사를 표현하도록 그동안 우리가 배워온 것을 의식한다는 뜻이기도 하다. 비폭력대화에서 우리는 칭찬하는 말을 사용하지 않고자 한다. 누군가에게 잘했다고 칭찬하거나, 친절하거나 실력 있는 사람이라고 말하는 것 역시 도덕적인 판단에 속한다. 수피 시인 루미는 옳고 그름을 넘어선 세상이 있다고 말했는데, 칭찬 역시 루미가 말한 곳과는 다른 세상을 만들고 있는 것이다. 우리가 칭찬할 때 사용하는 판단의 언어들은 누군가에게 불친절하거나 어리석거나 이기적이라고 말할 때 쓰는 언어와 같다.

비폭력대화에서 우리는 긍정적인 판단이 부정적인 판단과 마찬가지로 사람들을 비인간화한다고 생각한다. 또 보상으로 긍정적인 피드백을 주는 것이 얼마나 파괴적인가에 대해 이야기한다. 사람들에게 칭찬을 함으로써 그들을 비인간화하지 말자. 내가 기업체의 관리자들이나 교사들에게 이 이야기를 하면 대체로 충격을 받는다. 지금까지는 직원이나 학생들을 칭찬하면 업무나 학업 능력이 향상된다고 배웠기 때문이다. 그리고 나는 대부분의 학생들이 칭찬을 받으면 더 열심히 공부한다는 연구 결과에 대해서도 언급한다. 대부분의 직원들은 칭찬을 받으면 더 열심히 일한다. 아주 짧은 시간 동안. 그 효과는 자신들이 조종당하고 있다는 것을 감지하기 전까지, 그 칭찬이 진짜가 아니라는 것, 마음에서 우러나온 감사가 아니라는 것을 알아채기 전까지만 지속된다. 그것 역시 일을 시키기 위해 다른 사람들을 조종하는 방법이다. 사람들이 조종당하고 있다는 사실을 알아차리고 나면 생산성은 더 이상 올라가지 않는다.

보상의 폭력성에 대해 더 자세히 알고 싶다면, 그것이 처벌과 같은 유형의 폭력이며 그만큼 위험하다는 사실을 확인하고 싶다면, 알피 콘(Alfie Kohn)의 『보상으로 처벌받기(Punished by Rewards)』를 추천한다. 처벌과 칭찬은 둘 다 사람을 통제하는 수단이다. 비폭력대화에서 우리는 힘을 키우고자 하지만, 사람들을 지배하는 힘이 아닌, 사람들과 협력하는 힘을 키우길 원한다.

비폭력대화로 감사 표현하고 감사받기

"일상에서 우리를 감사하게 만드는 것이 행복이 아니라 우리를 행복하게 만드는 것이 감사라는 사실을 봐야 한다."
—앨버트 클라크

비폭력대화에서는 어떻게 감사를 표현하는가? 먼저 그 의도가 가장 중요하다. 감사의 유일한 목적은 삶을 축하하는 것이다. 다른 사람들에게 무언가를 보상하기 위해 하는 것이 아니다. 대신 그들 덕분에 우리의 삶이 얼마나 더 풍요로워졌는지를 상대방이 알기를 원한다. 그것이 우리의 유일한 의도이다. 우리의 삶이 얼마나 풍요로워졌는지를 명확히 알려주려면, 사람들에게 다음 세 가지를 말해줄 필요가 있다.

• 첫째, 그 사람이 한 일 중 우리가 무엇을 축하하고자 하는지, 그가 한 어떤 행동이 우리의 삶을 풍요롭게 했는지를 명료하게 표현한다.

- 둘째, 그 행동으로 인해 우리의 어떤 욕구가 충족되었는지를 말한다.
- 셋째, 그로 인해 우리가 어떻게 느끼는지, 우리 안에 어떤 느낌들이 생동하는지를 표현한다.

나는 교사들을 상대로 한 워크숍에서 이것을 명확히 설명하지 않고 끝낸 적이 있었다. 감사를 표현하는 법에 대해 막 이야기를 하려고 하는데 프로그램을 마칠 시간이 되었기 때문이다. 모임이 끝난 후, 한 교사가 내게 달려와서 감사를 표했다. 그녀는 눈을 반짝이며 이렇게 말했다.

"선생님, 정말 대단하세요."

내가 말했다.

"그 말씀은 별로 도움이 되지 않는데요."

"네?"

"제가 어떤 사람인가를 말씀해주시는 건 도움이 되지 않습니다. 저는 그동안 살면서 여러 가지 평가를 들었는데, 어떤 건 긍정적이었고 어떤 건 긍정적인 것과는 한참 거리가 멀었죠. 하지만 제가 어떤 사람인가에 대해 들었을 때는 거기서 아무것도 배우지 못했습니다. 다른 사람들도 마찬가지일 겁니다. 당신은 어떤 사람이다라는 말에는 아무런 정보도 없거든요. 하지만 선생님의 눈에서 저한테 감사를 표하고 싶어 하시는 게 보입니다."

그녀는 약간 당황한 표정으로 말했다.

"네."

"저도 그 감사의 표현을 받길 원합니다. 하지만 제가 어떤 사람이라고 말하는 건 제게 아무것도 전해주지 않습니다."

"그러면 어떻게 말씀드려야 할까요?"

"제가 오늘 워크숍에서 한 말 기억나세요? 저는 세 가지를 듣고 싶습니다. 먼저 선생님의 삶을 보다 풍요롭게 하는 데 제가 어떤 행동을 했습니까?"

그녀는 잠시 생각하다 말했다.

"선생님은 굉장히 지적이세요."

"아뇨, 그것도 저에 대한 판단이죠. 제가 무엇을 했는지에 대한 답이 아니거든요. 선생님의 삶을 풍요롭게 하는 데 제가 어떤 행동을 했는지를 구체적으로 알면 제가 선생님의 피드백으로부터 더 많은 것을 얻을 수 있습니다."

"아, 이제 무슨 말씀인지 알 것 같아요."

그녀는 공책을 열더니 옆에 큰 별표를 그려놓은 두 문장을 손으로 가리켰다.

"선생님께서 이 두 가지를 말씀하셨어요."

나는 그 공책을 들여다보며 말했다.

"네, 도움이 되었습니다. 제가 선생님의 삶을 풍요롭게 하는 데 어떤 기여를 했는지 알겠군요. 둘째로, 그 말을 듣고 선생님의 어떤 욕구가 충족되었는지 알면 저한테 도움이 될 것 같습니다."

"선생님, 저는 지금까지 한 번도 열여덟 살 된 제 아들과 연결된 적이 없었어요. 우린 항상 싸웠죠. 저는 그 아이와 연결하기 위해서 구체적인 방향이 필요했어요. 선생님께서 말씀하신 이 두 가지는 구체적인 방향을 잡고자 하는 제 욕구를 충족시켜주었습니다."

"좋습니다. 그럼 셋째, 그로 인해서 선생님에게 어떤 느낌이 살아 있습니까?"

"선생님, 전 지금 마음이 편하고 희망에 차 있습니다."

"이렇게 시간을 내서 제가 선생님께 어떤 기여를 했는지 볼 수 있도록 도와주셔서 감사합니다. 제가 구체적으로 무엇을 했는지를 알면 제 마음이 정말 흡족합니다."

내가 어떤 사람인가에 대해 듣는 것과 앞의 세 가지를 듣는 것 사이에 어떤 차이가 있는지 여러분도 분명히 보았을 것이다. 이것이 바로 비폭력대화에서 감사를 표현하는 방법이다.

다음으로, 비폭력대화에서 감사를 받는 법에 대해 알아보자. 나는 어느 나라를 가든지 사람들이 얼마나 감사받는 것을 어려워하는지 실감한다. 우리는 언제나 겸손해야 한다, 자신을 높이 치켜세워서는 안 된다고 배워왔기 때문이다. 그래서 사람들은 감사를 받는 걸 매우 어려워한다.

영어권 사람들을 예로 들어보자. 누군가로부터 감사의 표현을 받으면 사람들은 종종 겁에 질린 표정이 된다. 그래서 이렇게 말한다.

"아유, 아무것도 아니에요. 정말 아무것도 아닙니다."

프랑스 사람들도, 히스패닉계 사람들도, 스웨덴 사람들도 마찬가지다. 나는 전 세계 어디를 가든 사람들에게 이렇게 묻는다.

"왜 그렇게 감사를 받는 것이 어렵습니까?"

그러면 사람들은 이렇게 답한다.

"글쎄요, 제가 그런 감사를 받을 자격이 있는지 모르겠습니다."

바로 이것이다. '~할 자격이 있다, ~할 가치가 있다(deserve)'라는 끔찍한 개념. 우리는 무엇이든 노력해서 얻어야만 한다. 자신이 과연 감사를 받을 만한지 아닌지를 걱정해야 한다면 감사를 받는 것조차 어려워진다.

사람들은 또 이렇게 말한다.

"겸손한 게 왜 문제인가요?"

그러면 나는 이렇게 답한다.

"그 '겸손'이 어떤 의미냐에 따라 달라지죠. 겸손에도 여러 종류가 있습니다. 그중에 하나는 제가 볼 때 불행한 것인데, 우리의 힘, 우리의 아름다움을 보지 못하게 하거든요."

나는 골다 메이어 전 이스라엘 총리가 어느 정치인에게 이 거짓 겸손에 대해 한 말을 좋아한다.

"그렇게 겸손 떨지 마세요. 당신은 그렇게 훌륭한 사람 아닙니다."

나는 사람들이 감사받는 것을 그렇게 어려워하는 가장 중요한 이유가 '내면의 평화 재단(Foundation for Inner Peace)'이 발행한 책 『기적 수업(A Course in Miracles)』에 아주 잘 설명되어 있다고 생각한다. 그 책에 따르면, 우리를 가장 두렵게 하는 것은 우리의 어둠이 아니라 우리의 빛이다.

안타깝게도 우리는 지금까지 줄곧 도덕적 판단, 인과응보, 처벌, 보상, 그리고 '~할 자격이 있다'의 세계에서 교육을 받아왔다. 우리는 이 판단의 언어를 내면화해왔고, 그러한 구조 안에서는 우리 존재의 아름다움과 지속적으로 연결되기 어렵다. 비폭력대화는 우리가 내면에 있는 힘과 아름다움에 직면할 용기를 갖도록 도와준다.

13장 요약/마지막 단상

이 책에서 우리는 다음과 같은 세 가지 차원에서 삶과 연결됨으로써 평화를 만들어내는 방법과 어떻게 하면 우리들 각자가 그 방법을 배울 수 있는지를 살펴보았다.

- 첫째, 어떻게 하면 우리의 내면에서 생동하는 에너지와 연결됨으로써 자신을 비난하거나 벌주지 않고 자신의 한계로부터 배울 수 있는가. 비폭력대화는 사람들에게 자기 안에서 평화를 이루는 방법을 보여준다. 우리가 자기 안에서 평화를 이루지 못한다면 과연 외부 세계와 평화적으로 관계를 맺을 수 있을까.

- 둘째, 어떻게 하면 다른 사람들과 삶을 풍요롭게 하는 연결을 이루어 연민의 마음으로 기여하는 일이 자연스럽게 일어나도록 할 수 있는가.

- 셋째, 어떻게 하면 기업, 사법, 정부 구조 등, 평화롭고 삶을 풍요롭게 하는 연결을 지지하지 않는 구조들을 바꿀 수 있는가.

비폭력대화는 이 세 가지 차원에서—자신의 내면에서, 다른 사람들과, 그리고 연민의 마음으로 주고받는 것을 지지하고 그런 환경을 만들어낼 수 있는 구조들과—평화를 이루는 법을 보여준다.

나는 여러분이 미국뿐만 아니라 전 세계적으로 지금과는 다른 경제체제가 필요하다는 사실을 깨닫기를 희망한다. 나는 여러분이 데이비드 코튼(David Korten)이 쓴 『기업시대 이후의 삶(The Post-Corporate World)』과 『경제가 성장하면 우리는 정말로 행복해질까(When Corporations Rule the World)』, 폴 호큰(Paul Hawken)의 『자연자본주의(Natural Capitalism)』 그리고 마거릿 휘틀리(Margaret Wheatley)의 저서들을 읽어보기를 희망한다. 나는 여러분이 다른 경제체제, 평화를 증진하고 지구를 보호할 수 있는 체제가 가능하다는 사실을 깨닫기를 희망한다. 나는 여러분이 이러한 체제들이 우리의 손안에 있다는 사실을 깨닫고 이 목표를 향해 우리와 함께 협력하기를 진심으로 희망한다.

더 나아가, 나는 여러분이 회복적 정의에 익숙해지기를 희망한다. 우리의 사법 체계는 파멸적이다. 그것은 폭력을 방지하기보다는 더 많이 양산한다. 하지만 대부분의 사람들은 무법 상태 아니면 지금과 같은 사법 체계라는 양자택일 상황만을 보고 있다. 우리는 사람들에게 벌을 내리고 처형하지 않으면 무법천지가 될 것이라고 생각한다. 나는 회복적 정의를 바탕으로 한 사법 체계를 만들 수 있는 효과적인 방법들이 있으며 그것이 우리 모두에게 더 안전한 체제임을 여러분이 깨닫기를 희망한다.

그래서 나는 모든 사람들이 다음 두 가지에 익숙해지기를 희망한다.

- 지금과는 근본적으로 다른 경제체제
- 엄청난 고통을 양산하고 있는 현재의 사법 체계와는 다른 사법 체계

테야르 드 샤르댕(Teilhard de Chardin)처럼 나도 평화로운 세상이 충분히 가능할 뿐 아니라 불가피하다고 믿는다. 나는 우리가 그 방향으로 진화해가고 있다고 생각한다. 그는 물론 고인류학자이기 때문에 인내심이 있는 사람이다. 수만 년을 단위로 사물을 보기 때문이다. 그리고 현재 진행되고 있는 폭력들을 순진한 눈으로 보지는 않았지만 폭력을 진화의 장애물 정도로 간주했다. 그는 우리가 진화하고 있다고 생각하는데 나도 그렇다. 하지만 나는 그처럼 인내심이 많지 않다. 나는 수천 년을 기다릴 수 없기 때문에 어떻게 하면 그 속도를 높일 수 있을지에 관심이 있다. 하지만 나는 평화로운 세상이 필연적이라고 생각하며, 우리가 지구를 파괴하지 않는 한 그 방향으로 나아가고 있다고 생각한다.

나는 여러 곳의 비폭력대화센터에 있는 내 동료들과 같이 계속해서 사람들에게 이 교육을 제공함으로써 평화로운 바깥세상을 지지하고 지속시킬 수 있는 내면의 세계를 만들어가도록 도울 것이다. 우리가 이 일을 하는 것은 사람들이 관계 속에서 평화를 이루는 방법을 배우고,

연민적인 상호작용, 연민적인 자원 교환, 연민적인 정의를 뒷받침하는 구조를 구축하는 데 필요한 힘을 자신이 가지고 있다는 점을 인식하기를 바라기 때문이다.

부록

CNVC와
한국NVC센터(한국비폭력대화센터)에 대하여

CNVC(The Center for Nonviolent Communication)

CNVC는 NVC를 배우고 나누는 일을 지원하고, 개인과 조직, 정치적 환경 속에서 일어나는 갈등들을 평화롭고 효과적인 방법으로 해결하는 것을 돕기 위해 1984년 마셜 로젠버그가 설립했다. CNVC는 모든 사람의 욕구를 소중히 여기고, 삶이 가진 신성한 에너지와 연결된 의식 속에서 살아가는 사람들이 서로에게 즐거운 마음으로 기여하며, 갈등을 평화롭게 해결하는 세상을 지향한다.

CNVC는 지도자인증프로그램, 국제심화교육(IIT), NVC 교육과 NVC 공동체 확산을 위한 활동을 하고 있다. 현재 700여 명의 국제인증지도자들이 전 세계 80개국이 넘는 지역에서 활동하고 있다.

9301 Indian School Rd NE Suite 204

Albuquerque, NM 87112-2861 USA

website: www.cnvc.org / email: cnvc@cnvc.org

한국NVC센터(한국비폭력대화센터)

모든 사람들의 욕구가 존중되고 갈등이 평화롭게 해결되는 사회의 꿈을 가진 사람들이 2006년 캐서린 한Katherine Singer과 힘을 모아 만든 비영리 단체이다. 한국NVC센터는 NVC 교육과 트레이너 양성을 통해 우리 사회에 기여하기 위해 설립되었다. 교육은 (주)한국NVC교육원에서 진행하고 한국NVC센터(NGO)는 NVC의 의식을 나누는 활동을 하고 있다.

한국NVC센터가 하는 일

• 교육(한국어/영어)

NVC 소개를 위한 공개강의, NVC 1·2·3, 심화·지도자 준비 과정, IIT(국제심화교육), 중재교육, 부모교육, 놀이로 어린이들에게 NVC를 가르치는 스마일 키퍼스®Smile Keepers®, 가족캠프 등

• 외부 교육

기업, 학교, 법원 등 각종 기관과 조직 안에 소통을 통한 조화로운 관계를 만들기 위하여 요청과 필요에 맞춰 교육과정을 제공한다.

• 상담(개인/부부/집단)

내담자의 느낌과 욕구에 공감하며, 더 행복하게 사는 데 도움이 되는 행동이나 결정을 내담자가 찾아가도록 도와준다.

• 중재

한국NVC중재협회를 통해 중립적인 위치에서 느낌과 욕구에 기반을 둔 대화를 도와줌으로써 모두의 욕구가 충족될 수 있는 방법을 찾아가도록 한다. 현재 지방법원과 서울가정법원에서 조정위원으로 활

약하고 있다.

• 연습모임 지원

NVC를 자율적으로 연습하는 모임을 위한 장소를 대여하고 연습을 위한 정보와 자료를 제공한다.

• 교재·교구 연구개발, 제작 및 판매

• 번역, 출판 사업

※ 그 밖에도 비폭력대화의 확산을 위해 보호관찰소, 법원, 공부방 등과 탈북인, 다문화 가정을 위한 여러 가지 일을 하고 있다.

 연락처

대표 문의 nvccenter@krnvc.org 02-6291-5585

센터 교육 nvcedu@krnvc.org 02-325-5586

외부 교육(강사 문의) training@krnvc.org 02-6085-5585

출판 및 판매 book@krnvc.org 02-3142-5586

홈페이지 www.krnvc.org **Fax** 02-325-5587

주소 (06159) 서울특별시 강남구 삼성로 95길 23, 3층(삼성동, 남양빌딩)

느낌말 목록(예시)

욕구가 충족되었을 때

- 가벼운
- 뭉클한
- 안심한
- 편안한
- 흐뭇한

- 고마운
- 뿌듯한
- 자랑스러운
- 평온한
- 흥미로운

- 기쁜
- 생기가 도는
- 즐거운
- 평화로운
- 희망에 찬

- 든든한
- 신나는
- 충만한
- 홀가분한
- 힘이 솟는

욕구가 충족되지 않았을 때

- 걱정되는
- 난처한
- 불편한
- 외로운
- 지루한

- 괴로운
- 답답한
- 슬픈
- 우울한
- 짜증 나는

- 꺼림칙한
- 당혹스러운
- 실망스러운
- 절망적인
- 혼란스러운

- 낙담한
- 두려운
- 아쉬운
- 조바심 나는
- 화나는

보편적인 욕구 목록

자율성autonomy
- 꿈/목표/가치를 선택할 수 있는 자유
- 자신의 꿈/목표/가치를 실현하기 위한 방법을 선택할 자유

축하 celebration/애도mourning
- 생명의 탄생이나 꿈의 실현을 축하하기
- 잃어버린 것(사랑하는 사람, 꿈 등)을 애도하기

진정성/온전함integrity
- 자기 존재에 대한 믿음
- 창조성 ·의미 ·자기 존중
- 정직(우리의 한계에서 배울 수 있게 힘이 되는 정직)

몸 돌보기physical nurturance
- 공기 ·음식 ·물
- 신체적 보호 ·따뜻함
- 자유로운 움직임 ·운동
- 휴식 ·성적 표현 ·주거 ·잠

놀이play
- 재미
- 웃음

영적 교감spiritual communion
- 아름다움
- 조화 ·영감
- 평화 ·질서

상호 의존interdependence
- 수용 ·감사 ·친밀함
- 공동체 ·배려
- 삶을 풍요롭게 하기 위한 기여
- 정서적 안정 ·공감
- 돌봄 ·소통
- 협력 ·나눔
- 인정 ·우정
- 사랑 ·안심
- 존중 ·지지
- 신뢰 ·이해

NVC를 적용하는 방법

말하기	듣기
상대를 비난하지 않으면서	상대방의 말을
나 자신을 솔직하게 표현하는 것	공감으로 들을 때

관찰

상황을 있는 그대로 관찰하기	**상황을 있는 그대로 관찰하기**
(보고, 듣고, 기억하고, 상상한 것)	(보고, 듣고, 기억하고, 상상한 것)
"내가 ~을 보았을(들었을) 때"	"네가 ~을 보았을(들었을) 때"
	(공감을 할 때 생략하기도 함)

느낌

나의 느낌(생각보다는)	**상대방의 느낌(생각보다는)**
"나는 ~하게 느낀다."	"너는 ~하게 느끼니?"

욕구/필요

나의 느낌 뒤에 있는 욕구/필요	**상대방의 느낌 뒤에 있는 욕구/필요**
(특정한 선호하는 방법이 아닌)	(특정한 선호하는 방법이 아닌)
"나는 ~이 필요(중요)하기	"너는 ~이 필요(중요)하기
때문에……"	때문에……"

부탁/요청

내가 부탁하는 구체적인 행동	**상대가 부탁하는 구체적인 행동**
(강요가 아닌)	(강요가 아닌)
연결부탁	"너는 ~를 바라니?"
"내가 이렇게 말할 때	(공감을 할 때 생략하기도 함)
너는 어떻게 느끼니(생각하니)?"	
행동부탁	
"~를(을) 해줄 수 있겠니?"	

비폭력대화 Nonviolent Communication

마셜 B. 로젠버그 지음 | 캐서린 한 옮김

Nonviolent Communication: A Language of Life(3rd edition)의 번역서. NVC의 기본 개념, NVC 모델, 프로세스 등이 자세히 나와 있는 기본 텍스트다. 2004년에 나온 초판의 개정증보판으로, 디팩 초프라의 머리말과 '갈등 해결과 중재'를 다룬 제11장이 새로 추가되었다.

비폭력대화 워크북 Nonviolent Communication Workbook

루시 루 지음 | 한국NVC센터 옮김

NVC 인증지도자인 루시 루의 개인과 연습모임을 위한 안내서. 마셜 로젠버그의 《비폭력대화》에 맞춰 한 장 한 장 연습할 수 있도록 도와준다. NVC를 연습해볼 수 있는 다양한 활동과 연습모임 리더에게 도움이 되는 제안 등이 담겨 있다.

갈등의 세상에서 평화를 말하다
Speak Peace in a World of Conflict

마셜 B. 로젠버그 지음 | 정진욱 옮김

NVC의 원리를 적용해 자기 내면에서, 타인과의 관계에서, 그리고 다양한 사회조직 안에서 발생하는 갈등과 문제를 평화적으로 해결하는 방법을 알려 준다. 실제 사례와 연습 중심으로 구성된 실천 지침서.

삶을 풍요롭게 하는 교육 Life-Enriching Education

마셜 B. 로젠버그 지음 | 캐서린 한 옮김

교육 현장에서 교사와 학생들이 비폭력대화를 통해 자율성과 상호 존중을 배울 수 있는 학습 환경을 만들어가는 방법을 보여준다. 라이앤 아이슬러가 서문을 쓰고, P.E.T.의 토머스 고든이 추천하는 책이다. 교사들을 위한 비폭력대화.

기린과 자칼이 함께 춤출 때
Wenn die Giraffe mit dem Wolf tanzt

세레나 루스트 지음 | 슈테판 슈투츠 그림 | 이영주 옮김

비폭력대화 입문서. NVC의 4단계에 초점을 맞추어, 핵심 원리를 바로 파악할 수 있게 해 준다. 일상에서 흔히 접할 법한 친근한 상황과 전형적인 대화를 소재로 삼고 있기 때문에 흥미롭고 이해하기 쉽고, 재미있는 삽화들이 읽는 재미를 더해 준다.

비폭력대화(NVC) 작은책 시리즈 ❶
자녀가 "싫어!"라고 할 때 Parenting from Your Heart

인발 카스탄 지음 | 김숙현 옮김 | 캐서린 한 감수

부모와 자녀들에게 NVC가 실제로 어떻게 도움을 줄 수 있는지 소개하고 있다. 힘든 상황에서도 서로 신뢰를 쌓고 협력을 증진할 수 있는 방법을 제시한다.

비폭력대화(NVC) 작은책 시리즈 ❷
우리 병원 대화는 건강한가? Humanizing Health Care

멜라니 시어스 지음 | 이광자 옮김 | 캐서린 한 감수

환자를 더 잘 돌보고, 의료 기관에 종사하는 모든 사람들이 건강하기 위해서 병원의 권위적인 문화를 어떻게 바꾸어 나가야 하는지 자세히 알려준다. 실제 병원에서 NVC가 가져온 효과를 보여주고 있다.

비폭력대화(NVC) 작은책 시리즈 ❸
정말 배고파서 먹나요? Eat by Choice, Not by Habit

실비아 해스크비츠 지음 | 민명기 옮김 | 캐서린 한 감수

NVC 프로세스를 적용해 음식을 먹는 패턴 뒤에 있는 정서 의식을 더 깊이 탐구할 수 있도록 도와준다. 음식과 더 건강한 관계를 맺는 실질적인 방법을 제시한다.

비폭력대화(NVC) 작은책 시리즈 ❹

비폭력대화NVC와 실천적 영성 Practical Spirituality

마셜 B. 로젠버그 지음 | 캐서린 한 옮김

비폭력대화의 영적인 기반에 대한 마셜 로젠버그의 간결하고 즉흥적인 설명을 담고 있다. 자신과 다른 사람 안에 있는 신성과 연결하고, 공감과 연민의 세상을 만들어내기 위한 영감을 받을 수 있을 것이다.

자칼 마을의 소년 시장 The Mayor of Jackal Heights

리타 헤이조그, 캐시 스미스 지음 | 페기 파팅턴 일러스트 | 캐서린 한 옮김

비폭력대화의 개념을 동화로 표현한 작품이다. 서로의 차이를 인정하고 갈등을 평화롭게 해결하기 위한 비폭력대화의 핵심을 재미있게 표현하고 있다.

기린 주스 Giraffe Juice

JP 알렌·마시 윈터스 지음 | 타마라 라포르테 그림 | 이종훈 옮김

비폭력대화를 어린이들에게 충실하고 재미있게 알려 주는 동화책. 기린 실종 사건과 주인공 소녀의 갈등 해결 과정을 솜씨 좋게 한데 엮으면서 관찰, 느낌, 욕구, 부탁이라는 비폭력대화의 4단계를 자연스럽게 깨닫고 몸에 익힐 수 있도록 안내한다.

어린이를 위한 NVC 워크숍

스마일 키퍼스 1(5~10세) 스마일 키퍼스 2(11~15세)

나다 이냐토비치-사비치 지음 | 한국NVC센터 옮김

어린이들이 재미있는 놀이를 하면서 상호작용을 통해 정서적 안정을 유지하고, 갈등을 극복할 방법을 찾고, 의사소통 기술을 향상시키고, 자신감과 타인에 대한 신뢰를 키우고, 자신과 타인을 더 잘 이해할 수 있도록 돕는 32회의 워크숍 프로그램. 진행 방법을 자세히 안내해 교육 현장에서 바로 활용할 수 있게 구성되어 있다.

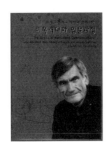

마셜 로젠버그 박사의
비폭력대화 입문과정 DVD

한국NVC센터 | 한글/영어 자막, 1세트 2DVD | 45,000원

마셜이 진행한 NVC 입문과정 워크숍The Basics of Nonviolent Communication을 녹화한 것이다. NVC를 처음 배우는 사람에게 훌륭한 기본교재일 뿐만 아니라, 이미 알고 있는 사람에게도 깊이 있게 이해하는 데 도움이 된다. 마셜이 기타를 치면서 노래도 하며 실제 사례를 들고 있어 재미있게 배울 수 있다.

NVC 카드게임 그로그(GROK)

한국NVC센터 | 30,000원

느낌카드 한 묶음, 욕구카드 한 묶음, 여러 가지 게임에 대한 설명서가 들어 있다. 자신의 욕구를 더 명확하게 인식하고, 쉽게 상대방에게 공감할 수 있으며 모임에서 놀이하듯 활용할 수 있다. NVC를 모르는 사람, 특히 아이들과 NVC를 나누는 데 효과적이다.

NVC 느낌욕구 자석카드

한국NVC센터 | 45,000원

느낌 자석카드 50개, 욕구 자석카드 50개가 들어 있다. 어린이, 청소년들의 학교 현장, 각종 교육기관, 가정 등에서 자신을 솔직하게 표현하고 다른 사람에게 공감하는 것을 배울 수 있는 교육교재로 교육, 상담, 놀이에 활용할 수 있다.

기린/자칼 귀 머리띠(Ears)
개당 10,000원

기린/자칼 손인형(Puppets)
개당 15,000원

손인형과 귀 머리띠 세트 (각 1개씩 총 4개 한 세트) 세트 40,000원

만해마을 집중심화 DVD(한국어 통역)

로버트 곤잘레스, 수잔 스카이

세트 250,000원(비참가자) 200,000원(참가자) | 낱개 20,000원(비참가자) 15,000원(참가자)

2007년 5박 6일간 한국NVC센터 주최로
인증지도자인 로버트 곤잘레스와 수잔 스카이를 초청해서
진행한 집중심화 훈련을 DVD로 정리한 것이다.

1. 집중심화훈련 소개와 트레이너, 참가자 소개
2. NVC의 기본
3. Need에 대하여, Living Energy로 말하기
4. 공감에 대하여—수잔 스카이
5. 공감에 대하여—로버트 곤잘레스
6. 충족되지 않은 욕구의 아픔을 욕구의 아름다운 힘으로 바꾸기(시범)
7. 충족되지 않은 욕구의 아픔을 욕구의 아름다운 힘으로 바꾸기(실습)
8. 지배 체제와 파트너십 체제
9. Power-under와 Power-over(지배를 당하기, 지배하기)
10. 거절하기와 거절 받아들이기—수잔 스카이
11. 자극받는 말이나 행동—로버트 곤잘레스
12. 솔직하게 표현하기—수잔 스카이
13. 욕구가 갈등하고 있는 것처럼 보일 때—로버트 곤잘레스
14. Closing 1
15. Closing 2

더 읽으면 좋은 자료들

Baran, Josh(ed). *365 Nirvana Here and Now: Living Every Moment in Enlightenment*(ThorsonsElement, Apr. 2005)

Domhoff, G. William. *Who Rules America? Power and Politics* (McGraw-Hill; 4th edition Jun. 2001)

Hawken, Paul. *Natural Capitalism: Creating the Next Industrial Revolution*(Back Bay Books; 1st Edition, Oct. 2000), 폴 호큰, 『자연자본주의』(공존, 2011)

Korten, David. *The Post-Corporate World: Life After Capitalism* (Berrett-Koehler Publishers; 1st edition, Sep. 2000)

Korten, David. *When Corporations Rule the World* (Berrett-Koehler Publishers; 2nd edition, May 2001), 데이비드 코튼, 『경제가 성장하면 우리는 정말로 행복해질까』(사이, 2014)

Michael B. Katz, *Class, Bureaucracy, and Schools: The Illusion of Educational Change in America* (Praeger Publishers, Jan. 1975)

Kohn, Alfie. *Punished by Rewards: The Trouble with Gold Stars, Incentive Plans, A's, Praise, and Other Bribes*(Mariner Books, Sep. 1999)

Macy, Joanna R. *Coming Back to Life: Practices to Reconnect Our Lives, Our World*(New Society Publishers, Oct. 1998)

Szasz, Thomas. *The Myth of Mental Illness: Foundations of a Theory of Personal Conduct*(Perennial Currents, Nov. 1984)

Wink, Walter. *The Powers of That Be*(Galilee Trade, Mar. 1999)

Wheatley, Margaret. *Finding Our Way: Leadership for an Uncertain Time*(Berrett-Koehler Publishers, Feb. 2005)

Wheatley, Margaret. *Turning to One Another: Simple Conversations to Restore Hope to the Future*(Berrett-Koehler Publishers, Jan. 2002)